U0497341

HEXIN SUYANG SHIYU XIA DE
GAOZHONG SHUXUE KETANG JIAOXUE
CELÜE YANJIU

# 核心素养视域下的
# 高中数学课堂教学
# 策略研究

张建新 著

吉林大学出版社·长春·

图书在版编目（CIP）数据

核心素养视域下的高中数学课堂教学策略研究 / 张建新著 . -- 长春 : 吉林大学出版社 , 2021.5
　　ISBN 978-7-5692-8486-7

　　Ⅰ .①核… Ⅱ .①张… Ⅲ .①中学数学课—课堂教学—教学研究—高中 Ⅳ .① G633.602

中国版本图书馆 CIP 数据核字 (2021) 第 120931 号

| 书　　　名 | 核心素养视域下的高中数学课堂教学策略研究 HEXIN SUYANG SHIYU XIA DE GAOZHONG SHUXUE KETANG JIAOXUE CELÜE YANJIU |
|---|---|
| 作　　者 | 张建新 著 |
| 策划编辑 | 李承章 |
| 责任编辑 | 安　斌 |
| 责任校对 | 赵　莹 |
| 装帧设计 | 刘　丹 |
| 出版发行 | 吉林大学出版社 |
| 社　　址 | 长春市人民大街 4059 号 |
| 邮政编码 | 130021 |
| 发行电话 | 0431-89580028/29/21 |
| 网　　址 | http://www.jlup.com.cn |
| 电子邮箱 | jdcbs@jlu.edu.cn |
| 印　　刷 | 广东虎彩云印刷有限公司 |
| 开　　本 | 787mm × 1092mm　1/16 |
| 印　　张 | 10 |
| 字　　数 | 160 千字 |
| 版　　次 | 2021 年 5 月第 1 版 |
| 印　　次 | 2021 年 5 月第 1 次 |
| 书　　号 | ISBN 978-7-5692-8486-7 |
| 定　　价 | 58.00 元 |

版权所有　翻印必究

# 前　言

核心素养是教育教学的热点，也是课程改革发展的重要目标。培养核心素养，有助于提升教学软实力和学习者的素质。在核心素养背景下，高中数学教学不断改革与创新，加快传统课堂转型，增强了学生的数学抽象、逻辑推理、数学建模、直观想象、数学运算和数据分析等能力，形成了正确的人生观、价值观、世界观，对于学生的长远发展有着重要影响。

本书围绕"数学核心素养"这一主线，结合实际教学经验，精心设计了五大模块的内容，分别是序言、高中数学核心素养的概念界定与理论基础、高中生数学学习现状调查、核心素养视域下的高中数学课堂教学策略、结论及反思。党的十九大已明确提出培养学生的学科核心素养，要以《高中数学课程标准》的要求为依据，积极探索新的课堂教学模式，提高学生探究事物本源的能力，以期引导高中阶段的数学教育向数学核心素养的方向发展。

本书可作为高中数学教师的一份参考资料，以此对高中数学课程改革进行深入的思考和研究，引导学生用数学的眼光观察世界，提升教师的教学水平和研究能力。

# 目 录

**第1章 绪 论** ................................................ 001
  1.1 选题背景 ................................................ 001
  1.2 选题意义 ................................................ 004
    1.2.1 理论意义 ........................................ 004
    1.2.2 实践意义 ........................................ 012
  1.3 研究价值分析 ............................................ 014
    1.3.1 加快传统课堂转型，提高自主学习能力 .............. 015
    1.3.2 顺应课程改革需求，促进学生深度学习 .............. 017
    1.3.3 锻炼数学思维层次，发展学生核心素养 .............. 018
  1.4 文献综述 ................................................ 019
    1.4.1 国外研究现状 .................................... 019
    1.4.2 国内研究现状 .................................... 025
  1.5 研究方法 ................................................ 027

**第2章 高中数学核心素养的概念界定与理论基础** ................ 029
  2.1 高中数学核心素养的概念界定 ............................ 029
    2.1.1 什么是数学核心素养 .............................. 029
    2.1.2 数学学科的六大核心素养 .......................... 030
    2.1.3 数学核心素养的特性 .............................. 051
  2.2 高中数学核心素养的理论认识 ............................ 053
    2.2.1 数学核心素养的教育价值 .......................... 053
    2.2.2 数学核心素养与学生发展核心素养的关系 ............ 056
    2.2.3 核心素养是"关键素养"，不是"全面素养" .......... 060

**第3章 高中生数学学习现状调查** .............................. 063
  3.1 高中生数学学习现状的调查分析 .......................... 063
    3.1.1 缺乏数学学习兴趣，导致学习能力差 ................ 063

    3.1.2 知识掌握不系统，没有形成认知结构 ……………… 070
    3.1.3 数学思维方式和学习方法不符合要求 ………………… 081
  3.2 影响高中生数学核心素养的原因分析 …………………………… 090
    3.2.1 家庭文化角度 …………………………………………… 090
    3.2.2 教师教学角度 …………………………………………… 093
    3.2.3 学生自身角度 …………………………………………… 098

**第4章 核心素养视域下的高中数学课堂教学策略** …………………… 101
  4.1 进行核心素养教育的前提条件 …………………………………… 101
    4.1.1 对教师的要求 …………………………………………… 101
    4.1.2 对学生的要求 …………………………………………… 106
  4.2 提高高中生数学核心素养的教学策略 …………………………… 109
    4.2.1 指导学习方法，发展数学思维 ………………………… 109
    4.2.2 创新课堂教学，培养品德修养 ………………………… 114
    4.2.3 建立多元评价，形成合作意识 ………………………… 119
    4.2.4 使用数学语言，提高学习能力 ………………………… 123
    4.2.5 巧用思维导图，建构知识体系 ………………………… 128
    4.2.6 借助信息技术，创设课堂情境 ………………………… 132
  4.3 提高学生数学核心素养的建议 …………………………………… 137
    4.3.1 核心素养培养需要"慢过程" ………………………… 137
    4.3.2 在合作中让学生学会反思 ……………………………… 138
    4.3.3 将知识与生活实际相结合 ……………………………… 141

**第5章 结论及反思** ……………………………………………………… 145
  5.1 研究结论 …………………………………………………………… 145
  5.2 研究反思 …………………………………………………………… 147

**参考文献** …………………………………………………………………… 149
**致  谢** ……………………………………………………………………… 150

# 第1章 绪 论

## 1.1 选题背景

中华民族有着历史悠久的灿烂文化，教育从古至今一直被历代统治者和改革者所重视，特别是在中国近现代，自恢复高考以来，我国的教育事业得到了大力发展，培养出了一批又一批具有高学识、高素质的人才，为民族振兴和国家发展做出了突出贡献，推动了教育和科技事业的发展与进步。但是，由于各种历史原因，中国进入现代化建设的时间比较晚，在教育和科技方面一直都落后于发达国家。自从新中国成立以来，我国一直向苏联学习，在很长时间内，中国的教育体系一直在效仿苏联模式，没有根据国内的实情和时代的发展做出及时的改革和更新，使得我国的教育教学与实际相脱节，在人才培养和社会需求上产生了矛盾，给社会发展和教育事业的发展带来了一定的困难。

自从恢复高考以后，我国的高等教育和基础教育一直都在不断地进行改革和尝试，在教育和科技领域都取得了一定程度的进步，并且也取得了辉煌的成就。但是，我们所取得的成绩还远远跟不上时代发展，难以达到让所有人满意的程度。21世纪是科技和人才的竞争，要想在国际竞争中脱颖而出，不仅需要高科技，更需要具有创新性发现和原创性发明的人才。创新型人才的培养是国家和民族发展知识经济、提高国际竞争力的关键。

随着科学技术的日新月异，我们已经进入了以多媒体和网络技术为代表的信息时代，计算机科学的发展，多媒体技术和网络技术的出现改变了人们生活、学习和工作的方式，借助于先进的信息技术，人们可以更快、更准确地搜集、分析、反馈各种信息，信息技术给人们的生产、生活和学习带来了极大的便利，利用现代信息技术接受和处理信息已经成为社会发展对人才的基本要求，甚至成为每个社会成员必备的基本素质。

反思我国的教育现状，高考仍是当前人才选拔的主要形式，很多教师在教学中注重理论知识的讲授而忽视了学生情感价值的培养，课程结构过于强调学科本位，缺乏整合，课程内容"难、繁、偏、旧"，与现实相脱节，课程实施过于强调被动学习和机械训练，师生之间缺乏有效的沟通和互动，学生之间缺乏交流与合作的机会，课程评价过分强调甄别与选拔的功能，过分注重学生的学习成绩。现在的高中生在知识量上要比以前大，学的东西也比以前多，但是增加的只是知识的数量，学生的学习能力却呈现下降的趋势，有一大批学生的高考成绩很高，但在大学中的实际学习能力和高考分数完全不匹配，大学学习成绩下降得非常明显。

由此可见，在应试教育体制和价值取向上的缺陷、系统知识传授和科学指导思想和评价上的缺陷、课程设置和学科并列的缺陷、学生学习方法的缺陷等综合作用下，高中生表现出个性发展不足，缺乏创新思维能力，对知识的应用能力不强，综合素质不高，甚至出现群体分化现象，已经不能满足现代社会发展对人才的要求，教育教学改革刻不容缓。

从1997年，经济合作与发展组织启动"素养的界定和遴选：理论和概念基础"项目开始，接着，欧盟、联合国教科文组织、美国、日本等国家和组织陆续开始研究学生核心素养框架，这些国家和组织的探索为我国学生核心素养框架的建构提供了宝贵的经验。

近几年，随着新课改的不断深入，我国教育事业蓬勃发展，普通高中的课程方案和课程标准得以重新修订和完善，努力构建具有中国特色的普通高中课程体系。新课程标准也明确指出，普通高中的培养目标是进一步提升学生的综合素质，着力发展学生的核心素养，使学生具有理想信念和社会责任感，具有科学文化素养和终身学习能力，具有自主发展能力和沟通合作能力。高中数学是高中教育体系的重要组成部分，对高中生整体素质的发展具有关键性的作用，是促进高中生核心素养养成和全面发展的重要途径。所以，实施核心素养视域下的高中数学教学改革势在必行。教师要以"促进学生全面发展"为指导思想，对高中数学学科进行彻底的改革，创新高中数学的教学形式，优化教学过程，强化数学与其他学科和现实生活的联系，运用现代技术辅助课堂教学，开展科学的课堂评价，注重与学生的积极互动；培养学生的独立性和自主性，引导学生通过自主调查、探究和分析，在实践中学习数学知识,变被动为主动,在教师的指导下开展主动的、富有个性的学习,使每个学生都能得到充分的发展。

特别是进入2021年,"十四五"的开局之年,中国进入了高质量发展的时代,教育也要顺应时代的发展趋势,构建高质量的教育体系,而高质量的教育体系需要有高质量的课程体系做支撑,所以,课程的更高质量是2021年课改的总目标和总任务。这里的更高质量包含两层含义,一层是更高品质的课程,没有课程本身的高质量就没有更高品质的课程,第二层是提高课程实施质量,高质量的课程需要有效的实施才能发挥出其教育作用,提高教学质量是实现更高质量课程的保证。而在实施教学中,课程和课程实施的最终目的就是为了达到更高水平的育人质量,实现课程育人的目的。所以,这就要求当前的学科教学必须以核心素养为导向,在学科教学中培育、发展学生的核心素养,既要基于学科又要超越学科,既要培养本学科的核心素养也要培养全面的核心素养,让学生掌握生存、生活的能力,发展学生的社会交际能力,培养学生的思维能力,促进学生的全面发展,使学生成为有理想、有本领、有担当的时代新人。

坚持核心素养导向,课程改革一定会实现重大转变:课程教学的目的由知识学习为主转变为核心素养的培育和发展,让知识在探究问题和解决问题的过程中"活"起来,在知识的综合运用中走向核心素养的发展。必须与之同步转变的还有课堂教学的方式和方法,课堂教学理念应由知识的传授转向能力的发展,从学习的三维目标转向核心素养,通过丰富多彩的课堂教学活动让学生的思维活跃起来,让学生成为课堂教学的主人,使枯燥的课堂教学过程成为学生探索和创造的过程,让课堂教学重新焕发活力,也让学生在良好学习习惯的养成中形成优秀的意志品质,实现核心素养的培育和发展。

鉴于此,在新的时代背景下,高中数学的课堂教学也应该在核心素养视域下进行改革和创新,以更好地满足学生的学习需求,适应社会发展的趋势,为社会培养更多符合要求的人才。所以,笔者结合自身多年的教学经验和当前高中生的学习实际,进行了本次课题研究,旨在通过对核心素养视域下高中数学课堂教学策略的研究,提高高中数学的课堂教学效率,发展学生的数学核心素养,促进学生的全面发展。

## 1.2 选题意义

数学是人们对客观世界抽象概括形成的广泛理论，是对客观事物的定性把握和定量描述。数学是人们生活、劳动、学习必不可少的工具，是学习理工学科的基础。数学的发展与人类社会的发展进步息息相关，在人类文明的发展过程中起到了举足轻重的作用。数学的发展推动了重大的科学技术进步，创造了巨大的社会价值。数学教育在人才培养中具有重要的地位和不可替代的作用，在核心素养视域下对高中数学课堂教学策略进行研究具有较强的理论意义和实践意义。

### 1.2.1 理论意义

核心素养不是某一流派的理论成果，而是教育教学发展到必然阶段的产物，是优秀教育理论和丰富教育实践经验的总结和提炼。对核心素养视域下的高中数学课堂教学策略进行研究，也是对教育和教学发展的一个阶段性的研究，具有深厚的理论基础和理论意义。

(1) 现代课堂教学理论

现代课堂教学理论是指在新课程背景下，以现代教学先进的教学理念为依据，在课堂教学中发挥学生的主体作用，从而实现学生基本素质的提高。课堂教学理论是构建高效课堂教学的主要依据。

课堂教学过程是一个复杂、多变、动态的发展过程，参与者在智力、情感和人际交往活动中实现着自己的多种需要，并使自己的潜力和才能不断得以发挥。现代课堂教学理论以生命价值观为教学理念，注重对课堂教学主体——人的观念的确立。对学生而言，课堂是他们学习的主阵地，是他们发挥青春活力、体现生命价值重要平台，是学生成长和发展过程中不可缺少的环节。所以，课堂教学的整体质量直接影响着学生今天的茁壮成长和明天的可持续发展。在课堂教学中学生在好奇心和兴趣的驱使下，满怀激情地参与到课堂教学活动中，亲自体验和亲历知识的生成过程，使课堂学习超出了知识的范畴，扩展到情感、人格等领域，学科知识增长的过程，也是学生人格健全和发展的过程，体现了学习者在课堂教学活动中的生命价值。

对于教师而言，课堂教学是其职业生活的最基本构成课堂教学的质量和水平直接影响和体现着教师对职业的感受和态度，是教师专业水平和生命价值的直接体现。课堂教学不只是教师的责任和义务，也不只是为了学生成长和发展的单向付出，同时也是自己生命价值的体现，是自身发展的需要，也是自己人生的崇高追求。每一个热爱学生、热爱事业、热爱生活的教师，都会和充满青春活力的学生一起，把枯燥的教学课堂构建成一个美好的精神家园，让课堂焕发出原有的社会价值，同时也充分体现出其内在的生命价值，促进师生的共同发展。

在现代教学理论下，教育教学的目的不仅是培养未来社会的劳动者，而且还要培养文明幸福的人，在培养和训练学生的基本生存本领时，提高他们的智力水平和道德素养，使学生获得生活经验和生活能力，更好地为社会服务，为将来的幸福生活奠定基础。在教学任务方面，现代教学理论主张教育教学不仅要使学生掌握基本的知识和培养品德，而且还要使学生获得能力，发展智力，形成健全的人格，学会学习；在教学原则上，强调以学生为主体，一切教学活动都以学生的发展为出发点；在教学内容上，除了让学生掌握知识的基本结构外，更加注重学科间的联系，注重知识的灵活运用，强化教学内容的时代性、实用性和实践性；在教学过程中，引导学生进行主动的探究，变被动学习为主动学习；在教学方法和教学形式上更加灵活，选择适合学生的教学方法和教学形式，实现因材施教，让每个学生都能获得长足的发展，同时还要构建和谐、民主的师生关系。

课堂教学是师生双方参与的教学活动，教师和学生之间相互作用、相互联系，教师不只是施教者，也是学生学习活动的参与者和引导者，同时学生也不单是课堂教学的受教者，也是课堂教学的一种资源，如果将学生这种"资源"运用好，课堂教学效率和教学效果将会大大提高。所以，现代课堂教学理论强调要构建共同参与、相互合作的、和谐的师生关系。现代课堂教学理论强调教师的学生观应在尊重学生个性差异的基础上，通过有效的课堂教学活动，促进每个学生都能实现自己最好的发展；另外也特别指出了学生的发展不光是指学生的成绩提高，而是要实现学生人格的全面、可持续发展，课堂教学要面向全体学生，要注重因材施教。在现代课堂教学理论下，教师和学生的地位是平等的，在课堂教学中处于双向交流互动的状态，二者的教与学的目的是相同的，在知识、情感、信念等因素上存在着共享和互动，彼此相互促进人格的发展与完善。所以，在课堂教学中，教师要尊重学生的人格，师生之间要相互沟通、相互理解、彼此信任、共同合作，构建起民主、平等、和谐的师生关系，激活学生的活力，调动学生学习的积极性，在教学中教师还要注重观察学生的情感、动机、态度等人格因素的价值变化，对学生的学习过程做出积极肯定的评价，对学生的创新行为和创新意识进行及时的鼓励和赞扬，增强学生的学习动力。良好的师生关系是提高课堂教学效率的重要保障，也是发展学生核心素养的重要前提。

(2) 教学过程最优化理论

教学过程最优化理论是 20 世纪 70 年代初期苏联教育家巴班斯基提出的，该理论是指将教学过程看成是一个综合的整体，把教学过程划分成几个部分，对各个部分进行深入的研究、观察和分析，将教学主体、教学内容和教学环节进行有效的整合，形成一个完善的教学系统。简而言之就是将教师的教和学生的学与当前的教学环境、教学条件和社会要求有机结合起来，通过科学有效的教学方法，提高教学质量，达到理想的教学效果。其实质就是以最小的代价取得最佳的教学效果。在教学过程中，教师要综合考虑教学内容、教学方式、教学任务、教学方法、教学原则、学生学情等多种因素，并在对其进行充分了解的基础上，选择最佳的教学方案，组织合理的教学活动，从而在规定的时间内，实现学生教养、教育的最大化发展。教学过程最优化理论是一种教学的方法论，也是一种教学的策略思想，它极大地影响了教育实践和教育理论的发展进程。

当代教学过程最优化是指教师在教育教学过程中所选择的教学方法，可以使师生耗费最少的时间和精力而收到最佳的教学效果。按照教学过程最优化理论的观点，衡量教学过程是否最优化的重要标准就是效果和时间，即教学过程既要提高教学质量，又要不增加教师和学生的负担。效果是指学生在某个时间范围内在教育、教养和发展三个方面上所能获得的最大水平；时间是指师生要遵循学校规定的课堂教学时间和家庭作业时间的要求。为了使教学过程符合最优化的标准，巴班斯基对教学要素和教学环节进行了新的划分，制定了教学过程最优化的基本方法体系，提出了最合理的课堂教学结构、实施办法。他认为合理的课堂结构是：提问—讲解—巩固—检查新知—复习旧知识—概括总结，将所学知识系统化，运用整体眼光，将课堂教学视为一个系统的整体，分步进行教学，其对现实教学具有很强的指导意义。他还认为最有的教学方法应当包含以下几点：一是要综合规划和确定教育教学的目标和任务，注重学生的全面发展；二是深入了解学生，落实教学任务；三是要使教学内容符合教学任务，按照教学大纲开展教学活动，分清内容重点；四是要深入了解学生，根据具体情况，选择合适的教学结构和教学方法；五是对学生采取区别和个别对待的办法，采用最优的教学形式；六是为教学创造良好的教学条件和教学环境；七是确定最优进度，采取专门的措施来节省教师和学生的时间；八是按照最优化标准分析教学效果和师生时间用量。只有综合运用整个方法体系，才可被认为是真正实施了教学过程最优化。教学过程最优化的概念是相对的，并不是固定的模式或标准，每个教师都应该根据具体的条件来优化自己的教学过程，使自己的教学效果达到最优化。

巴班斯基的教学过程最优化理论具有兼收并蓄的特点，通过教学过程最优化，体现出发展性教学的最优效果。他以辩证的系统理论为方法论基础来进行教学理论研究，认为教学过程的各个构成部分的存在和发展不是相互孤立的，而是相互渗透、相互促进、相互发展、相互制约的一个完整系统；他在理论中引入了最优化的思想，符合劳动活动的普遍原则，使理论更加合理和科学；同时，他在理论中还明确指出了教学过程中人的因素，强调在教学中要重视师生之间的相互作用，认为师生间的相互作用是教与学的规律之一。虽然这一理论体系存在着优选步骤烦琐、缺乏对学生创造力的培养等缺点，但仍是一个很有价值的理论体系，对现代教育教学有着非常重要的理论指导意义。它克服了当前教学中单纯追求成绩、追求升学率的教育思想，促使教师要全面地看待教学职能，以最大的教学效果促进学生最理想的教育和发展为教学职能，引导教师要重视教学过程中师生时间消费的合理性，提高时间的利用效率，力求用最短的时间获得最大的效益，同时还要重视教学过程中物资、经费的合理消耗，在相同的条件下，得到同样的效果，用同样的时间和精力，所消耗的物资和经费最少，就是较好的方案，就是教学过程的最优化方案。

(3) "最近发展区" 理论

最近发展区理论是由苏联教育家维果茨基提出来的，他认为学生有两种发展水平：一是学生现有的发展水平，指学生现有的学习能力和应用实践能力水平；二是学生有可能达到的发展水平，也就是最近发展区。教师教学应着眼于学生的最近发展区，为学生提供具有一定难度的内容，调动学生的学习积极性，激发学生的学习潜能，经过不断的努力和学习，提升学生的学习能力和实践能力，超越最近发展区，达到下一阶段的发展水平，并在此基础上进行下一个发展区的发展。教师在教学过程中要注重学生的实际学习情况和学习背景，把握好学生的最近发展区，优化教学策略和教学内容设计，通过有目的、有针对性的教学活动，鼓励学生进行自主学习，提高学生的学习效率和教师的教学效率。

维果茨基的最近发展区理论将个体与社会、教学与发展、现在和未来紧密地联系在一起，突出了学生认知发展的社会性、发展方向的多样性、教学对发展的促进性、合作学习的重要性等，这些远见卓识对学科教学产生了久远的影响，对我国教学改革具有重要的现实意义。维果茨基的最近发展区理论认为学习和发展是一种社会合作活动，学习不能依赖于教，而是要让学生在头脑中构筑自己的理解，让学生主动地学。所以，教师在教学过程中要依据学生的身心发展特点和认知水平，把握学生的最近发展区，树立科学的教育观。最近发展区理论认为学习依赖于发展，但发展并不依赖于学习，根据学生的实际发展水平进行教育是保守的、落后的，所以，教师在教学中要重新审视因材施教的内涵，开展有效的教学。基于最近发展区这一基本思想，学习应当被融入日常不断产生的矛盾冲突的解决之中，鼓励学生在解决问题中学习、探索，通过解决问题使学生构建起对知识的理解，实现知识的迁移，强化学生的实践能力。尽管最近发展区理论存在缺点和不足，但它对教育活动产生了深刻的影响，影响了教育心理学的研究方向，带来了学生观、教师观、教学观、发展观等一系列观念的变革和突破，为当代的教育改革注入了生机与活力。孕育产生了一系列独特的教育模式。

(4) 建构主义理论

建构主义理论认为，学生的学习活动应当是主动的，所学知识应当是通过自主发现、探究和建构获得的，而不是靠教师的灌输和教导而得到的。学习过程就是学习者主动构建心理表征的过程，是学生以已有的经验为基础，通过与外界的相互作用而主动构建新知识和新的学习体验的过程，是结构性知识和非结构性知识的有机统一。构建主义理论还认为，教学过程是教师和学生合作建构的，每个教师和学生都是一个独立的主体，各个主体通过相互合作、相互交往，才能构建出高效的教学课堂，学生的学习不是独立完成的，而是在别人帮助的基础上通过构建合力的学习方式才得到的，只有与人进行交流和合作才能实现学习目的和教学目的。在建构主义理论下，学习环境是由情境、合作、会话和意义构建四个要素组成的，在教学时以学生为中心，让学生和相应的教学情境产生交互作用，使学生可以主动地构建学习的意义，自主地融入学习之中。在这个过程中，教师不再是课堂的主导者和主宰者，而是学生的帮助者、引导者和促进者。

在建构主义教学理论下，产生了一系列崭新的教学模式，有效地调动了学生的积极性、主动性和创新精神，达到了让学生利用当前所学知识完成意义建构的目的，其中，比较典型的教学方式有情境教学、随机访问教学和支架式教学。建构主义认为，最理想的学习方式就是让学习者到真实的环境中去感受、去体验，而不是从别人的介绍或讲解中获取知识和信息，因此，情境教学法顺势而生。情境教学是指通过创设生动形象的教学情境，让学生在情境中发现问题、分析问题、思考问题，探索解决问题的方法和途径，让学生在解决问题的过程中自主地理解知识、建构意义。在情境教学中，每一个学习者都是知识理解和意义建构的主体，创设的情境是学习者进行问题解决和意义建构的平台，而解决问题的过程就是意义建构的过程，是学生思想汇集的中心和焦点。在现实中，很多事物和问题具有复杂性和多面性，经常需要从不同的角度考虑才可以做出正确、全面的理解，对同样的知识才会建构出不同的意义。在教学中，教师可以采用随机访问教学的方式。鼓励学习者通过不同的渠道、不同的方式进入到同样的学习内容中，对学习内容做出多方面的认识和理解，从而实现对知识全面、深入的理解和掌握。建构主义教育者所提倡的"支架式教学"是在"最近发展区"理论上发展起来的，它认为，学生认知能力的发展不仅是一个个体学习过程的体现，还是一个社会和文化发展的体现，重视社会交互作用和文化在知识理解和意义建构中的作用。在教学时，教师围绕学习主题建立概念框架，引导学生进入一定的学习情境，并为学生提供必要的解决问题的工具。教师要放开手让学生自己决定探索问题的方向，教师给予必要的指导和提示，通过生生之间和师生之间的合作、讨论，共享探索的成果，达成认知上的共识，建立对知识比较全面、正确地理解，完成对所学知识的意义构建，最后做出科学的效果评价，评价学生的自主学习能力、对小组学习贡献能力和对所学知识的意义构建。

(5) 有效教学理论

在核心素养视域下，有效教学这个话题引起了师生的广泛关注。何为有效教学，成了广大教育者必须追问和思考的问题。在目前的高中数学教学中有一个非常突出的问题，就是教师教得很辛苦，学生学得很痛苦，教师在课堂上讲得很辛苦、很认真，但学生却没有学到东西，没有收获。为此，数学教师就要以有效教学理论来对高中数学教学策略进行探讨和研究。在有效教学理论下，有效教学的核心就是教学的效益，也就是教学的有效性，教学有没有效益，是高效、低效还是无效，和教师的教学内容、教学方式、教学态度具有一定的关联性，教师的教并不是决定性因素，教学效益的好坏在很大程度上取决于学生自身，如果学生不想学或学了没有收获，即使教师教得再认真、再全面也是无效教学；如果学生学得很辛苦，学习态度也很端正，但却没有得到理想的效果，也是无效教学或低效教学。所以，有效教学是指学生有没有学到什么或学生学得好不好，学生有无进步和发展是衡量教学效益的唯一指标。

在有效教学理论中，"有效"是指教师在先进教学理念的指导下，经过一段时间的教学，使学生获得明显的进步和发展。"教学"是指教师在充分了解学情的基础上，引起、维持和促进学生学习的所有行为和策略。在有效教学理论下，教师教学要有"对象"意识，要认识到学生才是教学的主体，离开学生就无所谓教学，教师在教学中要确立学生的主体地位，树立一切为了学生发展的教育思想，摒弃传统的学科本位，不能把学科教学的价值定位在本学科上，而应定位在对学生个人的发展之上，以实现学生全面发展作为教育、教学的起点和最终目标。教师在教学的过程中，不能简单地把效益理解为花最少的时间教最多的内容，教学效益也不取决于教师教的多少，而取决于在单位时间内学生学习成果和学习过程综合考量的结果。在教学中，教师要明确教学目标，要让学生知道"学什么"和"学到什么程度"，采用学生易于理解和接受的教学方式，激发学生的学习动机，引发学生的学习兴趣，使教学在学生"想学""愿意学""乐学"的心理基础上展开。

## 第1章 绪 论

时间、结果和体验是有效教学理论必须考虑的三个要素，也是考量学生有效学习的重要指标。学生时间是指学生学习特定内容所花费的时间，也就是学习效率，人们常说的学东西的快慢。有效地利用学习时间就是让学生在较短的时间内把特定的学习内容"吃透"，保障按质、按量的完成学习任务；学习结果是指学生通过学习带来的自身变化，获得的成绩和进步，有效的学习结果不仅包括知识容量的扩充，还包括学习方法和思维方式的发展；学习体验是指学生学习过程中所伴随的或发生的心理体验，也就是学生的学习感受。教师在衡量教学有效性时，不能光看学生的学习结果，还要注重学生的学习体验，观察学生在学习过程中表现出来的学习情绪、学习态度、学习信心等，学生只有发自内心地喜欢学习，才会实现有效教学。这三个指标相互联系，相互制约，具有内在的统一性。学习时间是前提，只有保证时间的投入，提高教学效率，才能强化学习效果和学习体验；学习结果是关键，学生学习的进步和学习能力的提升，不仅能够促进学习效率的提高，也会增进学生学习的积极体验；学习体验是灵魂，积极的学习体验和学习态度会促使学生乐于学习、越来越爱学习，主动地去提高学习效率和结果，增进学习体验是教学有效性的努力方向和追求目标，是提高学习有效性的内在保障。教师在考量教学有效性时要综合考量这三个要素，提高学习效率，强化学习效果。

从理论意义上讲，本书以2006年至今有关核心素养和高中数学教学的期刊文献为研究对象，通过对不同阶段的文章和主题内容进行分析，有利于启发教师和研究者从新的角度去看待核心素养、看待高中数学教学，从而更加理性地对核心素养视域下的高中数学课堂教学策略进行研究和落地实施，扩展了核心素养研究的视角，促进了高中数学课堂教学策略和教学方式的创新。本书在研究过程中综合运用了多种科学的研究方法，多维度地对国内外核心素养的发展和在核心素养视域下的高中数学课堂教学进行了深入的研究，为学者研究提供了新思路，也为教师有效地落实核心素养教学提供了参考和借鉴。本书从宏观角度看待核心素养的研究现状，将核心素养和高中数学教学有机结合，将理论研究上升为具体实践，凸显了本课题的研究应用价值。

### 1.2.2 实践意义

社会的快速发展使得当今对人才的需求和要求在不断地发生变化，为了满足社会需求，高中数学教学正在不断进行着变革，培养学生的核心素养已经成为当前高中数学教学的重要目标之一，这既是高中数学适应教学发展的重要途径，也是培养高素质人才的重要举措，对学生和社会的发展具有非常重要的作用。所以，核心素养视域下的高中数学课堂教学策略研究具有十分重要的实践意义。

(1) 为学生提供良好的学习环境

学校是学生学习和探索的净土，在经济和科技的快速发展下，学校的教育环境更加的优良，清幽的学习场所、信息技术的支持、各种教学工具应有尽有，外部教学环境在不断发展变化，越来越适合学生的学习和发展。通过核心素养视域下的高中数学课堂教学，创新课堂教学模式，丰富课堂教学手段，合理利用各种电教设备，能够使教学方式和教学内容更加贴近学生的实际，使课堂教学更加符合现代社会发展的趋势，为学生数学学习提供良好的学习环境，最大限度地减少学生的学习障碍和教师教学的阻力，让学生的数学学习和教师的数学教学更加高效、顺畅，实现数学教学效果的提高。

(2) 降低教师教学难度

在高中数学教学中，教师作为施教者担负着巨大的责任，而在核心素养视域下，教师的教学理念发生了改变，教学方式也由传统的灌输式教育向自主探究式教育转变，教师开始给予学生更多的时间和空间去自主安排和利用，同时，多媒体设备的使用率也大幅提升，为数学教学提供了极大的便利，教师在教学的过程中可以借助多媒体创设各种教学情境，利用信息技术突破重难点教学，为学生营造主动参与的课堂教学环境，激发学生的学习积极性，增进课堂互动，引导学生调查、实践和探究，在教师的指导下开展主动、富有个性的学习，而不是在教师的高压下被动的学习，从而使教师的教学工作更加轻松。在核心素养视域下，教师教学策略的制定由教师的主观决策开始转向根据学生的具体情况来施策，对教学和学生的要求不再是传统的硬性要求，而是更加的人性化，更加突出和强调学生的主体性，教师由教学的主宰者转变为学习的引导者、激励者和参与者，拉近了师生关系，便于教师对课堂教学进程的掌控，也促进了学生对数学知识的消化和吸收，提高了学习效果。

(3) 减轻学生学习负担

初中和小学数学基础性强，而高中数学与之相比，上升了很大的一个层次，开始趋向于高等数学，学生学习的难度也上升了一个层次，再加上高中阶段的学生面对的是高考，数学成绩又在高考中占据着非常重要的地位，有时候数学成绩直接决定着学生的前途和命运，所以，很多高中教师迫于考试的压力，在数学教学中采用题海战术，用大量的习题来巩固学生的数学知识，把教学的重心放在做题上，大量的习题和作业给学生带来了沉重的学习负担，教师的初衷是好的，但效果却适得其反，产生了大量的副作用，学生的注意力开始分散，学生对数学的学习兴趣逐渐降低甚至是消失。通过核心素养视域下的高中数学课堂教学，教师的教学目标和教学重点发生了转变，教学目标由学习成绩转变为学生的核心素养，教学重点由做题转变为引导学生自主学习，使学生能够有充足的时间对自己的学习进行合理的规划和安排，学生由被动的学习者变成了主动的探究者，提高了学生的学习兴趣，也减轻了学生的课业压力，让学生可以根据自己的学习情况进行自主学习，使学生的学习质量有所保障。

(4) 使高中数学教学更加人性化

高中数学是一门具有技巧性和较强应用价值的学科，其中的专业知识极为浩瀚，是学习其他理工学科的基础。随着新课程教育改革的不断深入，高中数学的教材改革和教育目标更加人性化。在核心素养视域下，通过对课堂教学策略的有效探究，能够得到自然的、合理的教学方法，在教学过程中，教师要引导学生学习，创造机会和条件，让学生有所收获，增强学生的学习动力和学习热情，帮助学生摆脱枯燥的数学学习，让学生在有趣的课堂教学中释放自己的个性，发现高中数学学习的乐趣和神秘；在课堂练习和作业中，教师要通过优化作业和练习设计，多设计一些开放性的练习和作业，多为学生创造实践和探究的机会，鼓励学生走出课堂、走出书本，到社会生活中去发现、探索和应用数学知识，让学生在课业负担不繁重的情况下深入运用自己所学的知识，增强学生的实践能力和解决问题的能力，促进学生的主动学习能力，使高中数学教学更加高效。核心素养视域下的教学改革使学生对数学学习充满了信心，使高中数学教学更加行之有效，体现出了高中数学教学的初衷和本质，让新时代教育合理化、人性化的特点在高中数学课堂教学中表现得淋漓尽致，让学生更加地热爱高中数学。

(5) 有助于促进学生数学核心素养的发展

核心素养视域下的高中数学课堂教学发生了深刻的变革和创新，构建起了丰富多彩的课程体系，以满足学生多样化的学习需求；改革了课堂教学方法，通过课堂主阵地来培养学生的人文底蕴和科学精神；通过实践活动，引导学生自主探究，丰富学生的自主体验，增强学生的社会责任感、创新精神和实践能力，而这些都有助于促进学生数学核心素养的发展。在核心素养视域下，数学史成了高中数学教学内容的一部分，学生在学习数学知识的同时，对相关的历史文化知识进行搜集和整理，使学生更深入地了解数学的发展史，有助于增强学生的人文底蕴，提高学生的文化自信，培养学生关切人类生活和社会发展的大胸怀和大视野。核心素养视域下的高中数学课堂教学，不再是单调的灌输式教育，而是在保护学生好奇心的前提下，注重学生探究意识的激发，鼓励学生根据自己的兴趣爱好，选择适合自己喜欢的方式去体会、掌握、学习数学知识，激发学生的探究兴趣，自主去探索知识的生成过程，从而使学生对知识的理解和掌握更牢固、更深刻。在核心素养理念下，数学实践活动是高中数学教学中必不可少的内容，它改变了以往的学习模式和学习方法，使学生变被动为主动，使数学知识变抽象为具体，增强了课堂教学的吸引力，激活了学生的学习热情，促使学生积极参与到教学中，拓宽了学生的视野，增加了学生的实践机会，培养了学生的实践意识，让学生在实践中发现和解决数学问题，将所学的数学知识应用于实践过程中，有时学生还会产生一些创新思想，促进了学生思维的发展，为学生核心素养的全面发展提供了良好的成长空间。

## 1.3  研究价值分析

要想培育学生的核心素养，就离不开对课堂教学的优化。有位学者曾经说过"教育无非就是把一切所学过的东西都忘掉时所剩下的东西"。高中数学的教育目的不单单是让学生掌握数学知识，提高数学成绩，也不是把每个学生培养成数学家，而是要通过教育让数学成为学生生活、工作中的一项工具，经过数学的学习和训练，引导学生把所学知识应用到现实生活中去，在数学知识和方法的应用过程中，提升学生的综合能力和核心素养，形成科学的世界观和方法论。所以，核心素养视域下的高中数学课堂教学策略具有十分重要的研究价值。

### 1.3.1 加快传统课堂转型，提高自主学习能力

核心素养视域下的高中数学课堂教学正经历着一场"静悄悄的革命"，加快了传统课堂转型的进程，提高了学生的自主学习能力。当前高中数学还不同程度地存在着知识教学分散、教学形式华而不实、数学作业和课堂练习流于形式等问题，严重限制了高中数学课堂教学的改革进程，抑制了学生数学核心素养的形成和发展。所以，广大高中数学教师要静下心来思考，探寻新的教学策略和方法，加快传统课堂的转型，提高学生的自主学习能力。

传统课堂转型是新课改的攻坚工程，教学理念的更新和教师角色的转换是传统课堂转型的出发点。新课程标准明确指出，学生是学习的主体，教师是学习活动的组织者和引导者，对师生角色进行了明确的定位，随着新课改的不断深入，这一理念早已为大多数教师所接受和认可。在实际课堂教学中，学生既是学习的主体，也是课堂教学的主体，教师则应当是课堂教学的引领者和组织者。教师在教学中不需要把所有教学内容面面俱到，对每一道题都进行细致的讲解，只要准确把握教学的重难点就行了，教学中，教师应当尊重学生，多鼓励学生质疑问难，教给学生解决问题的方法，把更多的时间和空间留给学生，鼓励学生主动探索，从思想上确立以学生为主体的教学观念，并使之变成实际行动。传统课堂转型应立足于学情分析之上，教师只有在熟悉学情的基础上，才能明确学生在学习过程中遇到的困难和问题，才能设计出有针对性的教学策略，帮助学生搭建有针对性的自主学习平台，针对每个人的突出问题来开展有针对性的教学，真正地做到因材施教，使学生的学习更高效，更愉快，让课堂教学中的每个学生都能有所收获，有所提高。另外，课堂转型的关注点应聚焦在学生身上，应依学生需要而教。高中数学的课堂教学应以学生的身心发展和数学的学科特点为依据，关注学生的个体差异，因材施教满足不同学生的学习需求，为学生的学习和发展创造良

好的条件和积极的保障，使学生的主体性、创造性和能动性不断生成，最终内化为自身的数学核心素养，让学生受用一生。在新课改的推动下，高中数学的课堂转型主要表现在以下几个方面。

第一，由重知识转向重思想和方法。在传统的高中数学课堂教学中，教师在课堂教学中过分注重数学概念、数学定理、数学法则和公式的灌输，倾向于考查学生对数学基本知识的记忆和是否能按照例题的模式去套用数学知识，过分地强调数学知识的重要性，忽视了对学生数学思想和数学方法的启发，使学生出现"高分低能"的数学现象。而通过对核心素养视域下的高中数学课堂教学策略的研究，教师的教学由重知识传授转变为重能力培养，在课堂教学时教师不再是"照本宣科"，无须再将课本教材中的知识点面面俱到、一一讲解。教师要适当地放开双手，让学生有足够的时间和空间去自由探索和学习，构建开放的数学课堂，培养学生科学的数学思想和正确的数学方法，提高学生的探究能力和自学能力。

第二，由重"教"转向重"学"。在传统的高中数学课堂教学中，教师"事无巨细"地对所有知识点进行一一讲解，生怕落下什么，在日常教学中经常听见有教师在抱怨"该讲的都讲了，学生就是不会"，教师费了九牛二虎之力，却没有收到预想的教学效果，难免会有些失落，导致教师和学生的积极性受挫。其实，在很多时候，学生学到的知识不是由教师教出来的，而是学生自己摸索、琢磨出来的。所以，通过对核心素养视域下的高中数学课堂教学策略的研究，教师的教学重心发生了倾斜，在向学生传输知识的过程中更加注重教会学生学习的方法，让学生学会学数学、用数学，培养学生的自主学习能力，教师还要教会学生在课堂教学中学习教师的思维过程，将教师的智慧和思维闪光点化为己有，提高学生思考问题和解决问题的能力，变"讲"为"不讲"，创造机会和环境让学生自学，或由教师引导着去学，使学生养成自学的好习惯，摆脱对教师的依赖。

第三，由教师主讲转向学生讲。在传统的高中数学课堂教学中，"教师问，学生答；教师讲，学生听；教师出题，学生做"的教学模式，几乎贯穿了高中数学教学的整个过程，压制了学生的个性发展，也限制了学生数学思维的发散。通过对核心素养视域下的高中数学课堂教学策略的研究，教师应改变独霸课堂教学的传统，从讲台上走下来，把讲台让给学生，多创造机会，鼓励学生在课堂上大胆表达自己的意见和想法，积极主动的和教师进行沟通和交流，勇敢的质疑问难，突出学生的主体地位。在课堂演示或操作环节中，教师要鼓励学生走到讲台上展示自己的操作和演示过程，把自己的数学思维和方法在班级内进行展示，不仅便于教师指导，也可以和其他学生进行交流，把课堂的主动权交还给学生，而教师则要成为学生学习的参与者和合作者，和学生一起探讨数学知识，加强和学生的交流和沟通，为学生自主学习的开展营造轻松、愉悦、自由的空间和氛围，给予学生必要的指导和帮助，让教师成为学生的良师益友。

第四，由封闭课堂转向为开放性课堂。在传统的高中数学课堂教学模式下，教师就是权威，教师的命令就是"圣旨"，学生对教师言听计从，整个课堂只能听到教师的讲课声和粉笔的书写声，课堂气氛紧张、严肃、沉闷，学生的神经长时间处于高度紧张的状态，不利于学生综合素质的发展，长期处于这种学习氛围下，学生感觉不到数学学习的乐趣，久而久之就会失去数学学习的兴趣。通过对核心素养视域下数学课堂教学策略的研究，构建开放性的数学课堂势在必行，过去由教师控制的教学模式需要被打破，取而代之的是师生交往互动、共同发展的教学过程。高中数学教师在核心素养的指导下探索自主合作探究的学习方式，极大地调动了学生的学习兴趣和学习积极性，通过各种形式的教学活动丰富了课堂的教学内容和教学形式，活跃了课堂气氛，很多数学知识通过生动有趣的课堂活动让学生铭记于心，和传统的教师讲解相比记忆更深刻，提高了课堂教学效果，学生的自主学习能力也得到了提高和升华。

## 1.3.2　顺应课程改革需求，促进学生深度学习

在新课程背景下，随着核心素养的提出，教师对学生的培养方向有了更加清晰的认识。高中数学作为高中阶段的主要课程之一，其核心素养的重要性不言而喻。在以学生为本的教学理念之下，教师的教学重点应由教材转向学生，这既是大势所趋，也是教师的必然选择。所以，对核心素养视域下高中数学课堂教学策略的研究是十分有必要的，不仅顺应了新课程改革的趋势和要求，同时也可以促进学生的深度学习，培养学生未来发展所需要的必备的品格和能力。

课程标准明确提出，普通高中对学生的培养目标是进一步提升学生的综合素质，着力发展核心素养，使学生具有理性信念和社会责任感，具有科学文化素养和终身学习能力，具有自主发展的能力和沟通合作的能力。为了使高中数学教学达到新课程要求的标准，使学生逐步具备数学学科的核心素养，教师就要对高中数学课堂教学策略进行研究，开展深度学习，提高课堂教学效益，促进学生核心素养的养成和全面发展。

通过对核心素养视域下高中数学课堂教学策略的研究，高中数学教师的教育教学不能再着眼于学生碎片化的知识点，也不能再让教学只满足于考试，学生也不能单纯为了考试才学习数学，教师和学生都要有更高的追求和目标。站在核心素养的角度上，教师在教学时应在学生的"最近发展区"增加一些具有一定难度和挑战性的教学内容，促进学生的深度学习，使学生的思维和认知能力向更深层次推进。在教学形式上，教师要积极开展小组合作学习，设计具有真实性、合作性和挑战性的学习任务，指导学生通过合作探究进入到深度学习中，深化对数学知识的理解、掌握和应用，提高学生的数学素养。在教学评价上，教师应更加关注学生的学习过程，注重对学生思考深度、批判性思维、学习过程中做出的决定和判断等做出评价，而不是对学生的学习结果进行评价，评价方式的转变在一定程度上有利于促进学生高效、积极、主动的深度学习。

核心素养视域下的高中数学课堂教学，不再是让学生掌握那些无内在关联的碎片化的知识，而是要把让学生掌握具有内在关系的、系统的数学知识，掌握数学知识的精髓和本质。所以，当前的高中数学课堂教学需要的不是学生的大量记忆，而是需要学生通过实践和探究对数学知识进行深度学习，抓住数学知识的本质，使学生可以达到闻一知十、举一反三的效果。同时，学生在知识的探究过程中还要对所学知识的发现过程、发展过程以及学习知识的过程进行价值判断，有利于深化学生的数学认知。

### 1.3.3 锻炼数学思维层次，发展学生核心素养

以前学生学习数学没有规律可循，总是教师让学什么就学什么，找不到学习的方向，数学学习的效率也不高。而随着核心素养的推进，给学生创造了更多的学习机会，教师不再是课堂的主宰，学生获得了发言权和主动

权,参与课堂的兴趣高涨,学习态度明显好转。通过对核心素养视域下高中数学课堂教学策略的研究发现,教师必须树立"处处是创造之地,天天是创造之时,人人是创造之人"的意识,注重锻炼学生的数学思维层次,发展学生的数学核心素养,让学生在强烈的创新意识下,释放创造激情,发挥创造性思维。

传统的数学教学以教材和各种教学参考资料作为教学的重点内容,学生在思考数学问题时,大脑思维不是围着教师转,就是围绕着课本转,把自己的思想束缚在各种条条框框之中,无法实现主动的发展,时间一长,就会形成思维定式,给学生的思维发展带来不利的影响。而核心素养视域下的高中数学课堂教学,注重培养学生思维的敏捷性,教师在课堂上鼓励学生积极思考、大胆质疑,提倡构建学生的立体思维,指导学生多角度、多层次地去分析问题、解决问题,开阔学生的思路,使学生在思考的过程中获得更多的启发,实现学生思维由封闭到开放的转变,促进学生思维能力和核心素养的发展。

## 1.4 文献综述

本书基于文献分析法,在中外文文献数据库中,以"核心素养"和"core literacy"为关键词进行高级检索,并对检索出的文献进行综合分析,整理得到国外和国内关于核心素养的以下方面的信息。

### 1.4.1 国外研究现状

国外学者对核心素养的研究起步较早,始于20世纪90年代,至今已经形成了比较完善系统的内容结构、课程体系和质量保障体系。核心素养已经成为推动西方发达国家课程教学改革的支柱性理念。对核心素养的研究已经成为一种国际共识,20世纪末21世纪初,正值国际教育改革的交汇时期,各种国际组织、世界各个国家和地区对教育改革的取向虽然理解不同,但却不约而同地聚焦于核心素养的研究,代表性的有:以联合国教科文组织主导的以终身学习为目标的核心素养研究、经济合作与发展组织(OECD)以个体的成功生活与社会和谐发展为目标的核心素养内容结构框架研究、欧盟组织的核心素养研究和以美日为代表的以能力为目标的核心素养研究。本文通过分析相关的文献资料，对国外关于核心素养的研究进行以下简单的论述。

(1) 以联合国教科文组织主导的以终身学习为目标的核心素养研究

联合国教育、科学及文化组织简称联合国教科文组织，它成立于1945年11月16日，是各国政府间讨论关于教育、科学和文化问题的国际组织，具有前瞻性研究，知识发展、传播与交流，制定准则，知识和技术，专门化信息交流五大职责，是促进各国间合作，维护世界和平与安全的重要组织。

1972年，联合国教科文组织在《学会生存》(Learning To Be) 一书中提出了"目标是人的完整实现"，是人具有丰富内涵的个性的"全面实现"，反对注重技能培养的教育观念，提出了全面教育的主张。1996年，联合国教科文组织发表了"国际二十一世纪教育委员会"《教育：财富蕴藏其中》报告(Learning: The Treasure Within)，报告从新的理论高度和政策视角提出把"终身学习"作为一项重大教育变革的指导原则，把建立"学习型社会"作为21世纪教育的终极目标，并指出了21世纪公民必备的四大核心素养：学会求知、学会做事、学会共处、学会生存。2003年，联合国教科文组织教育研究所又提出了"学会改变"的主张，并将其作为终身学习和发展的第五大核心素养。2004年，联合国教科文组织提出教育质量框架，并明确提出了支持有质量教育的十个关键方面的标准，学习结果是其中的一个重要方面，且内容主要包括：知识，即所有学习者必须达到的基本认知水平；价值，即在学习过程中表现出来的团结、性别平等、包容、相互理解、尊重人权、尊重人类生命和尊严、非暴力等精神品质；技能和能力，即解决问题的能力、团队合作能力、交际能力、学习能力等；行为，即将所学知识用于实际的能力。2005年，联合国教科文组织出版了《发展教育的核心素养：来自一些国际和国家的经验和教训》一书，该书指出了核心素养是使个人过上理想生活和实现社会良好运行所需要的基本素养。2010年，联合国教科文组织启动了基础教育质量分析框架项目，并将核心素养作为其中的重要组成部分，并将《发展教育的核心素养：来自一些国际和国家的经验和教训》一书中对核心素养的界定作为教育质量分析、监测和诊断的依据。2012年联合国教科文组织开展了以"青年、能力与工作"为主题的《全民教育全球监测报告2012》，探讨如何建立能力发展改进计划，增加年轻人获得体面工作和更好生活的机会。

2013年，联合国教科文组织与美国著名的智库机构布鲁金斯学会联合发布了"学习指标专项任务"研究报告，从身体健康、社会情绪、文化艺术、文字沟通、学习方法与认知、数字与数学、科学与技术等七个维度，为基础教育阶段的学生构建了学习目标体系，突出了基础教育阶段对学生核心素养的培养，凸显了教育的社会内涵，为新时代核心素养的研究提供了依据和基础。

（2）经济合作与发展组织（OECD）以个体的成功生活于社会和谐发展为目标的核心素养内容结构框架研究

1997年，经济合作与发展组织（OECD）启动的"素养的界定与遴选：理论和概念基础"项目，对素养的概念及各成员国的有关教育政策和实践进行了充分研究，以国际学生评估项目等的统计数据作为证据支持，在广泛调研和专家咨询的基础上建构了人与工具、人与自己、人与社会等三个方面的核心素养框架，统一了核心素养的概念和研究指标，解决了其成员国之间的教育研究分歧问题，促进了成员国之间的相互借鉴和发展。

经济合作与发展组织（OECD）认为，素养是一个动态和整合的概念，它是比知识和技能更宽泛的概念，是相关知识、认知技能、态度、价值观和情绪的结合体，涵盖了稳定的特质、学习结果、信念价值系统、习惯和其他心理特征，是能够应对复杂要求的能力，是能够满足要求成功开展工作的能力。经济合作与发展组织还认为素养是基于行动和情境导向的。素养的获得是一个持续的、终身的学习过程，学校、家庭、同伴、工作、政治生活、宗教生活和文化生活等都影响着人们素养的发展。素养的发展不只是个人努力的结果，还需要一个良好的社会和生活环境。经济合作与发展组织还指出：核心素养对每个人都具有重要的意义，是能够发展和维持的。核心素养不仅有助于个人满足生活和工作领域的需求，给自身发展带来益处，还可以产生经济和社会效益，实现个人的成功和社会的良好运行。总之，经济合作与发展组织所认为的核心素养就是能够促进人们成功生活和社会发展的重要素养。

（3）欧盟组织的核心素养研究

欧盟深受联合国教科文组织终身学习主张的影响，于2000年3月发布了"发展适应知识经济需求的新基本能力"研究报告，强调终身学习应该具备IT、外语、技术文化、创业精神和社会互动五项基本能力。2002年，欧盟工作报告首次提出核心能力概念，并对五项基本能力进行分析，提出了八项核心素养教育主张。经过多年的不断完善和发展，在 2006 年 12 月 18 日，欧洲议会和欧盟理事会通过了关于核心素养的建议案，确定欧盟核心素养的主体由使用母语交流、使用外语交流、数学素养与基本的科学技术素养、数字素养、学会学习、社会与公民素养、主动意识与创业精神、文化意识与表达等共八项核心素养构成，对于每项素养又分别从知识、技能和态度三个维度上对其进行具体描述，使欧盟各项教育与培训政策、计划有了统一的"顶层设计"。欧盟核心素养成了引领各欧盟成员国教育改革的重要参考体系，为各成员国教育政策的制定、课程改革的实施提供了基础框架和方向。核心素养与终身学习战略成了进入 21 世纪后欧盟各项教育计划与教育政策的两个重要基点。

欧盟核心素养所传达的课程理念表现在由强调学科内基础知识和基本技能习得的分科课程到强调学科间的互动、共同发展核心素养的课程结构的改变，以及新的整合型课程或单元的建立。欧盟的核心素养构筑了欧盟新教育的主轴，描绘了教育进步的共同愿望。比如，法国在欧盟核心素养的基础上确立了七项核心素养作为本国教育的共同基础，并在不同的课程领域中加以实施落实。七大素养主要包括法语、外语、数学与科学技术文化、生活通信技术应用、人文文化、社会与公民素养、自主与首创精神。其中第三项数学与科学技术文化知识素养的实现，是数学、物理、生物、化学等科学技术教育科目的共同学习任务，在课程结构设计中，不同的学科会以共同的素养目标为导向，设计适合本学科发展的教学策略和教学方法，并把科学探究作为研究的方法和学科思想落实在各个学科的教学之中，将信息技术作为基本的探究工具，促进素养的更好发展。

(4) 以美日为代表的以能力为目标的核心素养研究

①美国核心素养的研究

二战后的美国持续进行教育改革，以提高学生的创新能力，其核心素养研究主要是通过核心课程研究来体现的。1957 年苏联卫星的成功发射震惊美国朝野，随后美国开始重视对科技人才的培养，开展了以重视中小学课程的知识结构为中心的"学科结构运动"。20 世纪 70 年代，为了改善人本主义改革所带来的弊端，美国兴起了"恢复基础运动"，开始重视基础知识及基本技能的训练。之后随着《国家处于危急中》《不让一个孩子掉队》等文件的出台，并受经济合作与发展组织（OECD）核心素养框架的影响，在2002年，美国正式启动21世纪核心技能研究项目，制定了《"21世纪素养"框架》，2007年再次更新，从整体上建立了比较完整的框架体系，包括21世纪主题与关键科目、核心素养的指标及其相应的支持系统，整个框架体系主要包含内环和外环两个部分，对于21世纪核心素养的内容及学习结果进行了预设。外环部分即学生学习目标的主要内容，也是核心素养的三大指标，包括学习和创新素养，信息、媒介和技术素养，生活和职业素养。其中，学习与创新技能主要包括创造力与创新、批判思维与问题解决、交流、沟通与合作；信息、媒体应用技术技能主要包括信息素养、媒体素养、ICT素养；生活与职业技能主要包括灵活性与适应性、主动性与自我导向、社会与跨文化素养、效率与责任、领导与负责。这三大指标主要描述了学生在未来工作和生活中必须掌握的技能、知识和专业智能，是内容知识、具体技能、专业智能与素养的有机融合，充分体现了学生需要具备的核心素养。内环部分是落实核心素养所需要的学科知识，即核心素养在具体学科中的落实，主要包括关键学科和21世纪主题两个方面。其中关键学科主要包括：英语、阅读、语言、艺术、数学、经济学、科学、地理、历史、政府和公民等；21世纪主题主要包括：全球意识、金融、商业、创业素养、公民素养、健康素养和环境素养。21世纪初美国企事业和教育界提出了"21世纪型能力"研究性课题，其核心能力主要包括学科与21世纪课题研究能力、学习及革新能力、信息媒体及技术能力、生存及职业能力。

美国21世纪学习框架不仅重视21世纪学习的内容和结果，而且创新地提出了学习支持系统，主要确定了21世纪标准、21世纪技能的评估、21世纪课程和教学、21世纪专业发展、21世纪学习环境等五个关键的支持系统，通过知识、技能和技术与现实世界的联系，让学习者参与学习，使学习更有针对性、个性化和吸引力，以更好地适应全球化、信息化和知识化时代的发展需求。

②日本核心素养的研究

日本素以"教育立国"著称，其核心素养研究是以能力为目标的教育改革体现的。20世纪80年代日本中央教育审议会议提出学校贯彻基础和基本教育，尊重学生的个性和创造性发展，尊重文化传统，培养学生的"自我教育能力"。后经过不断的发展和完善，1996年日本中央教育审议会提出了培养学生"生存能力"的教育改革目标。1998年日本教育课程审议会在答申报告中具体阐述了以"生存能力"为目标的基础教育课程改革宗旨：培养丰富的人性和社会性，培养具有国际视野的日本人，养成学习和思考的自觉能力，掌握基础知识和基本技能，充分发展个性，推进特色教育和特色学校建设。2002年日本中小学开始实施新的学习指导纲领，标志着以能力为核心的基础教育课程改革全面展开。进入21世纪，日本国立教育研究所构建了本国"21世纪型能力"框架，以"生存能力"为核心向"思考力"为核心转变，强化学生的语言能力、数理能力、信息力和实践力，形成日本独具特色的核心素养理论。

③其他国家关于核心素养的研究

20世纪80年代以来，澳大利亚启动了有史以来规模最大的课程改革，2008年发布的《墨尔本宣言》，为澳大利亚未来教育的发展提供了战略性的思路和发展方向，概括出了公民所必须具有的，包括读写、计算、信息和通用技术、批判性和创造性思维、道德行为、个人和社会能力及跨文化理解在内的七项通用能力和三大跨学科主题。

2014年，芬兰颁布《基础教育国家核心课程》，提出了以"横贯能力"为重点的核心素养体系，从学习理念、学校文化、教学模式、截评价方法等维度明确了横贯能力的培养路径。当前，芬兰正处于新一轮基础教育课程改革的关键期，学生的核心素养是此次改革的关键。在芬兰新颁布的国家课程标准中明确提出了思考和学习素养，理解、交往和自我表达素养，自我照顾和日常生活管理素养，多模态识读素养，信息技术素养，就业和创业素养，社会参与和构建可持续未来的素养等七大核心素养，围绕每个方面的核心素养，芬兰新国家课程标准从其价值和意义、内容与要素、基础教育培养任务等维度做了进一步诠释。培养学生未来社会所需的核心素养与能力，成为芬兰新一轮基础教育课程改革的基本出发点和根本目标。芬兰的核心素养框架，着重强调不同学科间的交叉和互动，鼓励突破课程间的学科界限，倡导开展跨学科学习，有助于学生核心素养的综合、全面发展。

新西兰的基础教育水平一直被人称道，早在2005年就提出了核心素养概念，并将其融入了2007年新西兰教育部颁布的课程草案中，放弃了价值相对主义，特别强调价值观教育的重要性，提出必须将基础价值观教育融入学校各门课程的教学当中，同时着手构建基于核心素养的课程体系。新西兰课程纲要确定的核心素养，包括以下五个方面：思考，与他人互动，使用语言、符号和文本，自我管理，参加和贡献，五种核心素养在人的成长过程中紧密联系，需要综合应用。

新加坡政府的核心素养框架，将价值观和态度摆在了十分凸显的位置，在对比了21世纪与20世纪所需劳动力的特点之后，新加坡政府在2010年提出了建设"思考型学校和学习型国家"的愿景，提出四个理想的教育成果，即培养充满自信的人、能主动学习的人、积极奉献的人以及心系祖国的公民。为了实现这四个教育成果，在2010年3月，新加坡教育部发布了新教育架构图，聚焦培养学生21世纪所需要的能力。架构图中的外环代表学生在21世纪全球化环境中所需要的技能，主要包括：公民素养，全球化意识与跨文化技能，批判性思考与创造性思考，交流、合作与信息技能；架构图中的内环代表学生需要具备的能力，包括：自我认识能力、自我管理能力、社会意识、做出负责任决定的能力、人际关系管理能力；这个架构图的中心就是核心价值观，它决定了一个人的品格、信念和行为。新加坡教育部认为学生应具备的核心价值有六个，即尊重、负责、正直、关怀、和谐和弹性。

通过以上对国外文献的分析可以发现，国外对核心素养的研究已经进入了一个稳定发展的阶段，已经呈现出相对稳定的发展趋势，大部分国家已经根据自己的基本国情，形成了适应本土的核心素养内容结构框架。核心素养如今已经成为一种教育理念，改变了传统教育以学科知识结构培养人的课程体系，为世界各国课程改革和教育改革提供了方向指导。

### 1.4.2 国内研究现状

我国对于核心素养的研究起步较晚。2014年3月，教育部印发了《关于全面深化课程改革、落实立德树人根本任务的意见》，明确提出了核心素养的概念，即"学生应具备的适应终身发展和社会发展需要的必备品格和关键能力"，并提出了"将组织研究提出各学段学生发展核心素养体系"的任务，该意见把核心素养作为各学科课程教学的要求、依据和目标。"核心素养"就此成为我国教育领域最受关注的热词之一，成为未来教育改革的关键和课程改革的核心。2016年2月，中国教育学会发布《中国学生发展核心素养（征求意见稿）》，重申了核心素养的概念，并给出了核心素养的九个指标，学生发展核心素养综合表现为九大素养，即社会责任、国家认同、国际理解；人文底蕴、科学精神、审美情趣；身心健康、学会学习、实践创新。社会各界逐渐对核心素养研究工作予以高度的重视，相关配套文件和服务也在不断地孕育和完善之中。当前，我国正处于核心素养研究的井喷期，核心素养的研究开始与当下最新最热门的教育理念相融合，并且深入到学科课程教学中，彰显了核心素养研究的实践价值和意义，对与核心素养相关的各种教育教学问题的探讨也日趋明朗，核心素养已经成为我国教育教学课程改革的核心和目标。

从当前国内有关核心素养研究的文献量和研究内容来看，国内关于核心素养的研究还要有一段很长的路要走。但值得庆幸的是，通过借鉴国外的研究成果和经验，目前很多国内学者已经认识到核心素养的落实必须与课程体系建设相结合，很多专家和学者在核心素养与素质教育的关系方面做了大量的研究工作，跨学科、跨领域的交流合作不断增强，并结合新课程改革的理念，提出了多种激发学生学习兴趣，提升学生创新能力，促进学生全面发展，提升学生终身学习能力的教学策略，并且在课堂教学设计、课程实施、课堂教学改进和提升等方面提出了适合学科核心素养培养的方法和策略，为核心素养的落地创造了良好的条件。比如，通过实验操作提升学生的动手能力和创造能力，发展学生的思维品质；通过数学史教育，提升学生的人文素养和科学探究精神；通过数学教育与人文教育、科学教育等学科相结合，开拓学生的眼界，提升学生勇于创新的科学探索精神；通过社会实践活动来锻炼学生的表达、沟通和实践能力，实现学以致用，提升学生的社会责任感。从整体来看，我国的核心素养研究呈现出健康发展的态势，但是，在一切向好局面的同时，也暴露出很多值得商榷讨论的问题。很多研究者对素质教育和核心素养存在认知上的误区，有些学者甚至认为核心素养的提出是对素质教育的否定，其实，核心素养是素质教育的关键突破点，是素质教育发展过程中的重要环节；在国内，对核心素养关注较高的机构和学者主要集中于国内的几所高校，研究人员多以心理学和教育学这两个领域为主，以其他学科视角进行探讨研究的文献不是很多，导致核心素养的研究缺乏深度和广度；

我国地域辽阔，各地学生具有明显的差异性，如何构建统一的核心素养课程体系是当前教学改革中一个十分棘手的问题；在研究方法上多以理论思辨和质性研究为主，缺少素养培养的实践研究和理论分析的现实依据，等等。这些问题阻碍了我国核心素养研究的发展。

核心素养无论是对学生的个人发展，还是对国家社会的发展，都具有至关重要的作用。因此，在今后的核心素养研究中，各研究者应对核心素养培养过程中出现的问题加以关注，借新课程改革的东风，不断开拓创新，研究和讨论出适合具体学科的核心素养内涵和教学方法，同时也要以核心素养为导向，研究出适合不同地区、不同学校、不同学科、不同学生群体特点的教育教学新理念、新策略和新方法，以保障对核心素养的研究向更广、更深层次的空间和领域迈进。

## 1.5 研究方法

（1）文献研究法

本书通过对中国期刊全文数据库 2006 年至今的文献资料进行查阅，了解国内外关于核心素养的研究，梳理了国内外学者对核心素养的理解，了解了核心素养对学生学习和教师教学的实践意义，并在借鉴其理论意义的基础上进行深入研究。同时，还对高中数学的核心素养进行了探究，为本课题的研究提供了理论依据，确保了课题研究的全面性和完整性，也将本课题的研究价值实现了最大化。

（2）历史研究法

历史研究法是运用历史资料按照历史发展的顺序对过去事件进行研究，从而充分地把握核心素养研究的发展进程，更好地了解国内外核心素养相关研究的现状和进展，吸取和借鉴历史经验和教训，明确未来探究的方向，探寻其中可能存在的规律。

（3）内容分析法

内容分析法是建立在文献研究法之上的，是在前人的基础上进行层层推理的过程。本书通过对国内核心素养研究相关文献的信息进行统计和量化，分析出我国核心素养研究的主题和关键热点，从而揭示了目前我国核心素养研究的现状以及现阶段核心素养研究中存在的问题。

(4) 调查研究法

调查法是课题研究中最常用的方法之一，通过调查研究可以更深入地了解所要研究的问题，为课题的研究搜集更多的资料，增加课题研究的可操作性。为了全面深入地分析目前在高中数学教学中学生的学习现状和教学现状，笔者分别设计了教师问卷和学生问卷，以了解并分析教师在核心素养视域下如何开展课堂教学活动，学生如何进行学习，对学生核心素养的培养进行全面剖析，为未来的研究指明方向，最终实现本次研究的意义。

(5) 经验总结法

经验总结法是指对研究活动的具体情况进行分析和总结，形成科学先进的教学经验和教学方法，并将其长期运用到教学之中，将理论上升为具体的实践。在本课题研究过程中，笔者总结自身多年的教学经验，通过学习和探究研究出核心素养视域下高中数学课堂教学的有效策略，并将这些策略实施在课堂教学活动中，加以追踪和观察，为以后的高中数学课堂教学积累宝贵的经验，提供科学的借鉴。

(6) 课堂观察法

在日常教学中，通过观察学生在数学课堂上的表现以及其他学科的课堂表现，归纳总结出学生在实际教学活动中的现状，发现每个学生的学习个性，以便更好地因材施教。教师通过课堂观察还会发现学生在学习过程中普遍存在的问题，以及教师在教学过程中需要着重处理的教学重难点的技巧和方法，为教师教学方案的改进提供最直观的依据。

(7) 访谈法

教师和学生是教学的两大主体，是教学活动的最直接参与者。笔者在研究过程中通过有效问题的设计，和教师、学生进行了深度的交流，从而对教师教学中的问题和学生的学习现状有了更加深入、透彻的了解，获得的资料更加直接，也更真实，为研究高中生的数学学习现状提供了依据，也为高中数学课堂教学策略的提出提供了方向。

# 第 2 章  高中数学核心素养的概念界定与理论基础

## 2.1  高中数学核心素养的概念界定

### 2.1.1  什么是数学核心素养

近年来，随着新教学改革的不断深入和发展，数学核心素养成了数学教育改革的热点词汇，不同的学者对数学核心素养的内涵具有不同的理解和认识。教育科学院教授马云鹏认为，"数学核心素养是数学学习者在学习数学或某一领域所应当达成的有特定意义的综合性能力"，他认为数学核心素养是数学教与学过程中的重点，不仅指具体的知识和技能，还包括数学活动和数学思想等。我国著名数学教育家张奠宙曾经提到，"数学核心素养包含具有数学基本特征的思维品质和关键能力，是数学知识、技能、思想、经验及情感、态度、价值观的综合体现。"张教授着重强调数学核心素养在数学学习和学生自主发展中的作用，认为核心素养是数学课程目标的集中体现，是反映课程教学和学业质量的标准。国际学生评估项目（PISA）认为，数学素养是指个体识别和理解数学在现实世界中所起作用的个人能力，做出数学判断的个人能力以及作为一个有独创精神、关心社会、善于思考的公民，利用数学并参与其中，以满足个人生活中各种需要的能力。还有学者认为数学核心素养是"能从数学的角度看问题，有条理地进行理性思维、严密求证、逻辑推理和清晰准确的表达的意识与能力"，认为数学核心素养的核心之处在于将概念、公式、定理忘却之后，还能留存在头脑中的数学意识、数学思维和数学精神。

简单来说，数学核心素养就是指在学习数学的过程中，逐渐形成的一种综合性的运用所学数学知识解决实际问题的能力，以及在学习和解决问题的过程中所表现出来的思维习惯和道德品质。数学核心素养是所有数学素养中最基本却又起决定性作用的素养，它并不是指某些数学知识或数学技能，也不是平常意义上的数学能力，而是一种反应数学思想，基于数学知识却又高于数学知识的综合、持久和阶段的能力、习惯和品质。

数学核心素养是每个数学学习者必须具备的数学品格和数学关键能力，这不仅是数学学习者终身发展的需要，也是社会发展的需求。数学核心素养是学生在数学学习过程中所达成的具有特定意义的一种综合性的能力，教师在教学的过程中应当对其加以重视。数学核心素养以数学知识和数学技能为基础，以运用数学知识和数学技能解决问题为表现形式，在解决问题的过程中反映出数学的本质和相关的数学思想，数学核心素养也在这个过程中得以形成和发展。

### 2.1.2 数学学科的六大核心素养

最新的《普通高中数学课程标准》提出了数学学科的六大核心素养，包含数学抽象、逻辑推理、数学建模、数学运算、直观想象、数据分析等六个方面，并对六大核心素养进行了详细的诠释和分析。六大核心素养的提出，昭示了高中数学课程进一步改革的思想，也映射出了整个高中课程改革的发展方向，对高中数学教学和学生的发展具有极其重要的意义。

（1）数学抽象

①数学抽象的概念

数学抽象是指通过对数量关系和空间形式的抽象，得到数学研究对象和数学研究方法的素养。主要包括：从数量与数量关系、图形与图形关系中抽象出数学概念及概念之间的关系，从事物的具体背景中抽象出一般规律和结构，并用数学语言予以表征。

从思维的角度看，数学抽象是指从众多事物中抽取出共同的、本质的属性，舍弃个别的、非本质的属性，得到数学研究对象的思维过程。从数学学科的角度看，抽象是数学学科的特征之一，数学抽象在六大数学核心素养中位居首位，是高中数学学科未来发展不可或缺的，没有数学抽象就没有数学的研究对象，没有数学抽象，就无法进行数学推理和数学应用，数学抽象在数学学习和教学中具有非凡的作用。

数学抽象是数学的基本思想，是形成理性思维的重要基础，它反映了数学的本质贯穿在数学知识的产生、发展和应用的全过程之中。提高学生的数学抽象能力需要学生积累从具体到抽象的活动经验，要引导学生深入理解数学概念、公式、定理、数学思想方法、数学知识体系等数学基础知识，通过抽象概括，抓住事物或问题的数学本质，促使学生逐渐养成由一般性思考到深入思考问题的习惯，并能在其他学科或现实生活中主动地运用数学抽象思维来解决问题。

②数学抽象的内涵

数学抽象的内涵主要有符号意识、数感、几何直观和空间观念。

符号意识主要是指能够从具体情境中抽象出数量关系和变化规律，并用符号来表示；理解符号所代表的数量关系和变化规律；会进行符号间的转换；能选择适当的方法解决用符号所表示的问题，实现具象和抽象的和谐统一。建立符号意识有助于学生理解符号的使用，有助于提高学生的数学表达和数学思考能力。

数感主要是指关于数与数量、数量关系、数学运算、结果估计等方面的感悟，具体可以分解为以下三点：一是理解数的意义，能用数来表达和交流信息；二是能用多种方法来表示数；三是能估计运算的结果，并对结果的合理性作出解释。建立数感可以帮助学生更好地理解现实生活中数的意义，更好的理解和表述具体情境中的数量关系，有助于培养学生的数学思维和数学敏感性。

几何直观主要是指利用图形描述和分析数学问题，通过对图形的观察和分析，发现直观载体的外在现象和表面意义，由表及里，促使学生直观洞察数学载体更深层的意义或内在本质。借助几何直观，可以把复杂、抽象的数学问题变得简单、形象，有助于探索解决问题的思路和预测结果，帮助学生更直观地理解数学，感知数学知识存在的意义和价值。

空间观念是以空间表象为主要形态特征，涉及空间知觉和空间想象。培养学生的空间观念，能够让学生更好地感知物体的形状、大小及距离、方位等位置关系，并促使学生在大量空间知觉的基础上形成关于物体形状、大小及相互位置关系的印象。之后，在语言表述和事物的共同影响下，学生会对头脑中已有的空间表象进行加工、改造和结合，从而产生新的表象，将抽象的空间立体图形问题转化为平面图形问题来解决，化难为易，有助于学生思维的发展。

③数学抽象的特征

首先，数学抽象是一种特殊的抽象，是仅仅从事物的量的属性进行抽取的抽象，只着眼于事物存在的数量关系和空间形式，所以，数学抽象内容具有量的特定性，这是数学抽象最明显的特点，也是区别于其他学科的主要特征之一。其次，数学抽象的方法具有逻辑建构性，很多数学知识都是凭借明确的定义和推理逻辑建构的，比如说，圆就是在点、距离、轨迹等概念及相等关系的基础上，明确定义和推理逻辑构建出来的。再次，数学抽象程度的高度性。数学是在完全舍弃了具体现象的前提下，去研究事物的一般性质，在抽象的共性中去考察这些抽象系统的本身，高度的抽象性是数学不同于其他学科的最主要特征。

④数学抽象的具体方法

数学抽象有两个具体的方法，强抽象和弱抽象。强抽象是从事物具有的若干属性中强化或添加某些属性的抽象，它是扩大内涵、缩小外延的抽象，是从一般到特殊的抽象。弱抽象是从事物的若干属性中减去或去掉某些属性的抽象，它是缩小内涵、扩大外延的抽象，是从特殊到一般的抽象。比如，函数的概念形成和发展过程就是一系列弱抽象的过程，即由特殊到一般的过程。早期的函数概念是几何观点下的函数，之后减弱代数运算，形成了18世纪的函数概念——解析函数，之后又去掉了解析表达式的要求，形成了19世纪的函数概念——变量函数，之后又去掉了数集，形成了近代的函数概念——映射函数。但在微积分的表述过程中，函数概念又表现为一系列强抽象的过程，由函数添加连续性变为连续函数，又添加了可微性，变成了可微函数。

⑤高中数学抽象素养的体现

在高中数学教学中，数学抽象素养主要体现在集合、映射、函数、复合函数、函数单调性、函数奇偶性、周期性、指数函数及其性质、对数函数及其性质、三角函数及其性质、平面向量、曲线与方程、导函数等概念上，体现在正弦定理、余弦定理、数学归纳法等定理上，体现在线性规划求最值问题、函数零点、导函数应用等知识的应用上。

⑥基于数学抽象素养的教学建议

在日常的教学中，经常会有这样一种现象，学生开始对教师讲的内容不明白，教师指导以后学生感觉明白了，但后来对于类似的问题依然是没有思路，究其根本原因，在于学生缺乏数学抽象素养。所以，教师在课堂教学时，要注重学生数学抽象思维和能力的培养，在课堂教学中根据教学内容经常开展一些"微探究"活动，多给学生创造自主探究的机会，让学生对数学的本质理解更透彻。在教学时，教师还要多用变式教学，引导学生从不同的角度去分析问题、解决问题，使学生能够达到触类旁通、举一反三的效果，增强学生思想的转化，拓展学生的思维。数学解题就是从具体的问题中抽象出数量关系和变化规律，并通过数学语言和数学符号之间的相互转译，选择适当的方法来解决数学问题。教师在教学过程中要注重数学语言的灵活运用，运用数学语言和数学符号，让学生学会"译题"。教师要指导学生将文字语言向图形、符号语言转译，让数学性质更加显著；指导学生将符号语言向图形语言转译，使数学概念更加具体生动；指导学生将图形语言向符号语言转译，让数学表达更加简洁清晰。学会"译题"是解决数学问题的第一步，教师在教学中要加强对学生"译题"能力的训练，帮助学生认识数学知识的本质和联系，优化学生的认知结构，从而提高学生的思维品质，发展学生的数学抽象素养。

(2) 逻辑推理

①逻辑推理的概念

古希腊逻辑学家亚里士多德是逻辑的创始人，其著名的"三段论"奠定了西方逻辑学发展的基础。我国的逻辑思想早在春秋战国时期就有了很大的发展，史书记载称其为"明辨之学"。数学上的逻辑指的是思维的规律和规则，是思维过程的抽象。推理是一种思维活动过程，是对已知条件和已学知识进行加工、整理，从而得出结论。推理可以分为间接推理和直接推理，逻辑正确则推理正确，不合逻辑则推理不正确。在最新颁布的数学课程标准里，逻辑推理是指从一些事实和命题出发，依据规则指引，推出正确结论的素养。逻辑推理强调的不是正确性，而是关系和性质之间的连贯性和传递性。

逻辑推理是得到数学结论、构建数学体系的重要途径，是数学严谨性的基本保障和具体体现，是人们在数学学习过程中进行交流的基本思维品质。逻辑推理素养是学生在发现问题和提出问题后，利用所学知识进行表述和论证，形成的有论据、有条理、合乎逻辑的思维品质的能力和素养，体现着学生的数学交流能力。

②逻辑推理的形式

逻辑推理主要包括两大类，一类是从特殊到一般的推理形式，主要有归纳推理和类比推理；一类是从一般到特殊的推理形式，主要有演绎推理。

归纳推理就是根据一类事物的部分对象具有某种性质，推出这类事物的所有对象都具有这种性质的推理，简而言之，就是从个别性知识推出一般性结论的推理，是从特殊到一般的过程，属于合情推理。比如最简单的，直角三角形、锐角三角形和钝角三角形的内角和都是180度，从这些个别性的知识我们可以推出"所有三角形的内角和都是180度"。归纳推理的前提是其结论的必要条件，归纳推理的前提必须是真实的，但结论却未必真实，推出的结论可能为假。比如守株待兔的故事，如果根据某天一只兔子撞到树上死了，推出每天都会有兔子撞死在树上，这个结论就是假的。

类比推理是根据两个或两类对象有部分属性相同或相似，通过比较的办法推出它们的其他属性也相同或者相似的一种推理，也被称为类推。比如，在高中数学中有实数的基本运算，我们可以通过类比推理出集合的基本运算。类比推理具有或然性，从真前提只能或然的（并非必然的）推出真结论，如果前提中确认的共同属性很少，而且共同属性和推理出来的属性没有什么关系，这样的类比推理就是不可靠的，也被称为机械类比。

演绎推理就是从一般性的前提出发，通过推导即"演绎"，得出具体陈述或个别结论的过程。演绎推理是由命题和推理规则两个层面构成的，在逻辑推理的过程中需要兼顾这两个方面。常用的演绎推理主要有三段论、假言推理、选言推理和关系推理等形式。

三段论是由简单命题构成的，由两个含有一个共同项的性质判断做前提，推出一个新的性质判断为结论的推理，是演绎推理的一般模式，主要包括三个部分：大前提（已知的一般原理）、小前提（所研究的特殊情况）、结论（根据一般原理对特殊情况做出判断），这也是三段式推理的方法和步骤。

假言推理是以假言判断为前提的推理，分为充分条件假言推理、必要条件假言推理两种。充分条件假言推理的关键词一般是"如果……那么……"，必要条件假言推理的关键词一般是"只有……才……"。

选言推理是以选言命题为前提的推理，其标志词是"或者……或者……"，"要么……要么……"。选言推理分为相容的选言推理和不相容的选言推理两种。相容的选言推理大前提是要有相容的选言判断，如果小前提否定了当中的一个选言，那么结论就肯定了剩下的选言；不相容的选言推理大前提是要有不相容的选言判断。如果小前提肯定了其中的一个选言，那么结论就否定了其他的选言，如果小前提否定了除其中一个以外的选言，那结论就肯定了剩下的这个选言。比如，房间内有三个人，他们三个人中只有一人是工程师，要么是小张，要么是小刘，要么是小李；这个工程师不是小张和小刘，所以这个工程师只能是小李。

关系推理是前提中至少有一个是关系命题的推理，可以分为对称性关系推理、反对称性关系推理和传递性关系推理。比如，由 1m=100cm 推出 100cm=1m，这就是对称性的关系推理；由 $a>b$ 推出 b 不大于 $a$，$b \leq a$，这就是反对称性关系推理；由 $a>b$，$b>c$ 推出 $a>c$，这就是传递性关系推理。

③高中数学中的逻辑推理素养

高中数学中的逻辑推理素养主要表现在以下几个数学学习步骤中。一是命题及其关系：理解命题的概念；了解"若 $p$，则 $q$"形式的命题及其逆命题、否命题与逆否命题，会分析四种命题的相互关系；理解必要条件、充分条件和充要条件的意义；了解"或""且""非"等简单逻辑连接词的含义；理解全称量词与存在量词的意义，能正确地对含有一个量词的命题进行否定。二是推理与证明：了解合情推理的含义，能用归纳和类比等进行简单的推理，了解合情推理在数学发现中的作用；了解演绎推理的重要性，掌握演绎推理的基本形式，通过灵活地运用进行简单的推理；了解演绎推理和合情推理之间的联系和差异；学会直接证明和间接证明，了解分析法和综合法两种直接证明的思考过程和特点，了解间接证明中的反证法的思考过程和特点；了解数学归纳法的原理，会用数学归纳法证明一些简单的数学命题。三是立体几何初步：掌握点、直线、平面之间的位置关系，理解空间直线、平面位置关系的定义，掌握可以作为推理依据的公理和定理，认识理解空间中线面平行、垂直的有关性质与判定定理，能够运用公理、定理和以获得的结论证明一些空间图形位置关系的简单命题。四是寻找关键词：在数学问题中含有"抽象出、判断、推导、推出、证明、导出"等关键词的内容都隐含或渗透着对数学逻辑推理素养的教学要求和考查要求，需要学生对关键词汇具有高度的敏锐性。

④数学逻辑推理素养培养的重要性

学生学习高中数学的目的不仅是为了应对考试，也是为了学会解题技能，将数学知识更好地应用到实际生活中，在数学问题解决的过程中形成的逻辑推理核心素养，有助于学生深刻地理解所学知识，促进数学知识的实践应用。学生数学逻辑推理素养的养成和发展会激发学生的探究热情，使学生主动去发现生活中的数学问题，探索数学的奥秘，促进学生创新思维和创新能力的发展，对提高学生的数学素养具有深远的意义。在当前的核心素养视域下，培养学生的数学逻辑推理素养对学生来说，不是仅限于应对高考，而是让学生永久受益。

⑤基于逻辑推理素养的教学建议

扎实的数学基础是培养学生逻辑推理素养的重要前提，逻辑推理是利用已有的知识对出现的数学问题进行结论的探究，这种思维的建立可以帮助学生系统地掌握数学知识，更快的理解和消化新知识，提高学习效率。所以，数学教师在教学时必须重视数学基础知识教学，巩固学生的数学基础，促使学生形成良好的数学思维，进而进行正确、有效的逻辑推理。教师在教学时要有目的地选取教材中的某些公式、定理，让学生通过观察、分析，大胆提出自己的猜想和假设，鼓励学生自主去证明，让学生重新体会公式、定理的发现过程，感悟数学家的逻辑推理思维，促进学生逻辑推理素养的形成和提高。教师在讲课的过程中要将自己处理问题的思维过程充分地暴露给学生，潜移默化地影响学生的逻辑思维，便于学生学习和借鉴，提升学生的逻辑推理素养。教师在教学的过程中还要因势利导，适时地对学生进行启发和点拨，克服学生学习的盲目性，提高学生学习的自觉性，使学生掌握正确、科学的思维过程。

（3）数学建模

在新数学课程标准中有一个重点内容就是让学生全面了解数学的背景、意义和价值，特别是数学的应用性与方法。而数学建模就是达到此目标的一个极好的途径。特别是在核心素养视域下,高中数学所考查的题材更加贴近现实生活,灵活性也大大提高了,这就要求在教学中要注重培养学生的数学建模素养。所以,在高中阶段向学生渗透建模思想是非常有必要的。

①数学建模素养的内涵

数学建模素养是通过对实际问题的简化和抽象后,用数学语言表达问题,用数学原理建立模型,用数学方法解决问题,再回到实际情境中解释、验证所得结果的数学活动过程。主要包括分析抽象、建立模型、求解模型和验证修改四个阶段。数学模型构建了数学与外部世界的桥梁,是数学应用的重要形式。数学建模是应用数学解决实际问题的基本手段,是数学六大核心素养的重要内容,也是推动数学发展的外部驱动力。数学建模的目标就是通过培养学生的数学建模素养,使学生能够掌握数学建模的过程,积累用数学语言表达实际问题的经验,从而提升学生的数学应用能力,培养学生的创新思维和创新能力。

②数学建模素养的能力要求

要想培养学生的数学建模素养,就必须提升学生的阅读理解能力、抽象概括能力、符号表示能力、模型选择能力和数学运算能力,这是数学建模素养对学生的能力要求,只有具备这些能力,学生才会形成科学有益的数学建模素养。

阅读理解能力是学生按照一定的思路、步骤,通过阅读感知实际问题的信息,在对信息进行分析和思考后,获得对数学问题的感性认知的能力。一般来说,阅读理解能力较好的学生,在审题过程中会把数学问题读得更准,读得更好,对问题中所蕴含的数学知识理解更快,理解也更深刻、透彻。学生的阅读理解能力直接影响数学建模是否成功,因此,良好的阅读理解能力是数学建模的基本前提。

抽象概括能力是指学生在对数学问题阅读理解的基础上,将感性材料去伪存真,对数学问题进行分析、简化和抽象,忽略问题中的次要因素,排除各种干扰项,抓住问题的主要矛盾,运用判断、推理、归纳等方法发现数学问题的本质,通过对有用信息的提炼和抽象,将实际问题转化为数学问题的能力。通常情况下,抽象概括能力较强的学生很容易将实际问题转化为数学问题,很容易就建立起数学模型。所以,抽象概括能力是数学建模的基础。

符号表示能力是把实际数学问题中表示数量关系的文字图像翻译成数学符号语言的能力。随着高中数学和现实生活的联系加强，在考查数学知识时，经常以现实生活为背景，在数学问题的表述中会有大量的文字信息，很容易给学生解决问题带来干扰，学生在解题的过程中，就要通过阅读理解对文字信息进行分析和筛选，将各种已知和隐含的数学条件，翻译成数字、式子、方程、函数、不等式等数学符号语言，便于学生对数学问题的分析和解决。将数学问题翻译成数学符号语言是数学建模过程中的基础性工作。

模型选择能力就是选择数学模型的能力。在数学建模过程中，同一个数学问题经常可以有多个数学模型，同一个数学模型也可以用于多个实际问题，怎样选择一个最佳的、最恰当的模型，直接关系到问题解决的质量。模型选择能力是学生综合能力的体现，是数学建模必须具备的关键能力。

数学运算能力是数学建模能力的重要构成，完整的数学建模不仅需要对数学问题的抽象、概括和推理，还需要对数学问题进行数据运算。一般来说，复杂的数学建模问题一般运算量比较大，其中还可能有近似计算、图像分析等，所以，在数学建模过程中，无论所构建的模型是多么的正确和合理，如果数学运算能力不达标，所构建的数学模型也会前功尽弃。数学运算贯穿于数学学习的整个过程中，数学运算能力不仅是数学建模必备的能力，也是数学学习必须具备的能力。

③数学建模的步骤

数学建模一般分为"三步走"。第一步，缜密审题，深入挖掘。构建数学模型的第一步，就是指导学生认真读题，探索题中的已知条件和隐藏条件，对题目中的数量关系和数学意义进行深入挖掘，捕捉其中的数学模型和数量关系。核心素养视域下的高中数学，非常注重数学知识与生产生活之间的联系，在建模的过程中，教师要指导学生灵活运用数学规律和数学方法对实际问题进行分析，提取其中的有效信息，抓住解决问题的关键。第二步，引进数学符号，建立数学模型。教师要引导学生在审题的基础上，运用联想、类比、逻辑推理等方法去发现数学问题中的数量关系，并判断其属于哪种类型的问题，从而恰当地引入参数变量，用数学符号表示各种数学关系，构建出恰当的数学模型，将实际问题转化为数学模型。第三步，解模作答，回归现实问题。数学模型建立起来后，教师要指导学生用数学方法和相关的数学知识进行解模作答，并确定最佳的解题方案，利用数学运算求解，最后得出计算结果并返回到实际问题中去进行解释和验证，对实际问题进行总结作答。

④高中数学教学中常见的数学模型

数学建模在高中数学教学内容中的渗透日益明显，较为常见的数学模型主要有：函数模型、数列模型、不等式模型、三角模型、平面解析几何模型、立体几何模型、排列组合模型、概率统计模型等。

⑤数学建模的重要性

数学建模是解决数学问题的重要手段，学生在建立数学模型的过程中可以根据自己所掌握的数学知识来提出问题，并在教师的指导下，通过建立数学模型来解决问题，在这个过程中学生不仅学到了数学理论知识，同时也培养了学生的创新能力，提高了学生理解和接受数学知识的能力。在数学建模的过程中，教师一般是处于指导的位置，学生是数学建模的主体，数学建模为学生提供了广阔的发挥空间，学生们为了构建模型集思广益，大大提高了学生学习数学知识，参与数学实验的积极性和主动性，也培养了学生的独立思考能力和团队协作意识。在很多时候，数学模型的建立不是一次性完成的，经常需要反复的设计和实验，有助于培养学生的探究精神和科学意识，也可以让学生充分体会到数学探究的乐趣，增强学生对数学学习的兴趣，促使学生学会运用科学的思维方式来思考、处理实际问题。

⑥基于数学建模素养的教学建议

在数学建模中，教师只是引导者，负责给学生提供部分材料，学生才是数学建模的主要实施者，是数学建模的主体。教师要尊重学生的主体地位，当给出数学问题后，教师要引导学生去发现问题、提出问题，尊重学生的思维方式，注重知识的形成过程，给予学生更多自主的空间，让学生亲历知识的形成过程，加深学生对数学知识的印象。在很多情况下，数学建模需要学生合作来完成。教师在数学建模教学中，要鼓励学生以小组为单位开展合作及探究，为学生提供展示自我的平台，突出学生的主体地位，让学生真正成为学习的主人，提高学生的自主学习能力和合作学习能力。

教师在数学建模中要坚持循序渐进的原则。数学建模素养的培养是一个漫长的过程。教师在数学建模的过程中要坚持循序渐进的原则，为学生提供的问题要由易到难，循序渐进，多给学生创造获得成功的机会，使学生产生成就感，从而对数学建模保持长久的兴趣和信心。在数学建模过程中学生经常会遇到一些困难，教师要给予学生适当的指导、帮助和鼓励，让学生保持持续研究的信心。

利用信息技术辅助数学建模。教师在数学建模教学中要坚持与时俱进，利用信息技术辅助课堂教学，鼓励学生利用各种电脑软件构建数学模型，使传统课堂教学变得有声有色，让学生更好地感受到数学与其他学科和生活的联系，拓展学生的视野，调动学生学习的积极性和主动性，锻炼学生的创新思维和实践能力。

引导学生构建整体知识结构。数学实际问题的最大特点就是数据多、变量多、数量关系隐蔽、不是"纯数学化"数据，学生在拿到问题时经常无从下手。所以，教师在教学时可以指导学生运用数据表格来整合有效的数学信息，厘清数量之间的关系，引导学生从整体的角度去思考数学问题，抓住问题的本质和联系，从而建立相应的数学模型。

(4) 数学运算

数学运算既是传统的数学三大能力之一，又是数学六大核心素养之一，其重要性不言而喻。数学运算素养直接影响着学生的数学成绩和日后的长远发展。高中生只有具备扎实的运算能力，在面对数学问题时才能快速、准确地梳理出正确的解题思路，才能节省出宝贵的时间去探究新的问题，寻求新的策略和方法。数学运算素养是高中生必备的基本数学素养，也是高中生必须具备的、最基础又应用最为广泛的一种能力。

①数学运算素养的概念

数学运算素养是指在明晰运算对象的基础上，依据运算法则和运算律，正确地进行运算，解决数学问题的素养。数学运算也可以说成是一种演绎推理形式，可以帮助学生快速获得数学问题的结果。运算素养主要包括分析运算条件、探究运算方向、选择运算公式、确定运算程序等一系列过程中的思维素养，也包括在实施运算过程中遇到障碍时，调整运算素养以及实施运算和计算的技能。数学运算并非一种单一的、孤立的数学能力，而是运算技能和数学思维的有机结合。换言之，数学运算素养不仅是一种数学素养，更是一种数学操作能力，也是一种数学思维能力。

②数学运算素养的要求

数学运算素养具有四个层次的要求：一是运算结果的准确性，即要保证运算，这是最基本的要求；二是运算的合理性，这是运算素养的核心；三是运算的熟练性，这是对学生思维敏捷性的考查；四是运算的简洁性，这是运算合理性的标志，反映了思维的灵活性、深刻性和创造性。

③数学运算素养对能力的要求

数学运算素养对学生的数学能力提出了一定的要求，只有具备了一定的数学能力，才能发展数学运算素养。数学运算素养需要学生会根据法则、公式，定理等进行正确的运算、变形和数据处理；能够根据问题的条件和目标寻找与设计合理、简洁的运算途径；能根据要求对数据进行估计和近似计算。数学运算素养对学生的要求不只是对数的运算，还包括对式的运算，还需要具备算理和逻辑推理的能力。

④数学运算素养的重要性

数学运算素养不仅是数学的一项基本技能，而且是社会生产和生活中的一种工具，也是计算机解决问题的基础。在日常的生产和生活中，对事物的定量分析和定性分析都需要具备较强的数学运算素养，特别是科研、计算机、电子等行业的突破和发展都必须建立在数学运算基础之上。随着信息技术的发展，云计算和大数据的出现，改变了我们传统的生活和思维方式，数学运算素养的重要性日益凸显。

对于高中生而言，数学运算素养在其学习和成长过程中占据着非常重要的地位。数学运算是学生思维的载体，学生的运算能力体现着学生的数学思维能力，是学生数学素养的一面镜子，是一个学生数学素质的综合体现。数学运算素养的强弱直接关系到学生数学学习成绩的提高。同时，数学运算素养的培养是要让学生提高数学运算能力，能够有效地借助恰当的运算方法来解决实际生活中的问题，通过运算来促进学生数学思维的发展，养成程序化思考问题的习惯，形成一丝不苟、严谨求实的科学精神。

⑤当前学生数学运算素养的现状

在日常教学中，笔者通过对学生的观察发现很多学生在熟悉的数学情境中能够准确地找出运算对象，但在关联或综合的情境中，学生就不能正确地理解运算对象，而是去盲目的做题，结果事倍功半，出现很多运算错误。数学运算素养要求学生要能够准确地掌握概念、公式、定理、运算法则等数学基本知识，还要让学生熟悉这些基本运算知识的适用范围。但在实际的学习过程中，有一部分学生虽然熟练掌握了数学基本的运算知识，但是却忽略了运算知识的适用范围，在做题时对运算知识不知如何去用或错误地运用，影响数学运算的准确率。数学运算素养需要学生能够根据问题的特征形成合适的运算思路，从而解决数学问题。在平常的学习过程中，当面对简单的数学运算时，大部分学生都能够通过知识的再现找到解决问题的思路，但对于包含多个知识点的综合性问题，很多学生往往思考的不够全面，思维模式混乱，无法形成简洁、合适的运算思路，使数学运算变得复杂化或无法全面解题。在现实中，还有这样一部分学生，其具有求解运算的能力，但当遇到复杂的运算时，没有耐心，缺乏坚持运算的意志，导致运算过程半途而废，还有部分学生对复杂的数学运算缺乏信心，存在畏惧心理，内心害怕运算、抵触运算，还有一部分学生过度依赖于电脑或计算器等电子设备来进行数学运算，使学生对传统的数学运算产生懈怠情绪，从而影响了学生的数学运算能力和数学运算素养的形成和发展。

⑥影响学生数学运算素养的因素

通过对学生数学素养现状的分析，可以得出影响学生数学运算素养的因素主要有以下几个。一是学生的思想意识。很多学生对数学运算不重视，把数学运算出错的原因归于"粗心""马虎"，没有认识到出错的根源；二是学生的思维方法。在长期的学习过程中，很多学生在头脑中对某些数学问题都存在着一些思维定式，这些固定的思维模式有时会提高学生的数学运算效率，但有时也会使学生出现思维的惰性，在运算中死套公式，不会灵活运用，影响运算的速度和准确性。三是现代信息技术的应用。在现实生活中，电脑、计算器、手机等先进的计算工具已经得到普及，给人们的生活和工作带来了极大的便利，无形中弱化了传统数学运算的技能，影响了学生对口算和笔算的认识，使学生在数学问题的运算上产生懈怠情绪，懒于提笔运算，没有形成良好的运算习惯。四是学生的对比意识。对于数学运算方法的选择我们一般采用"择优而从"的原则，但在实际学习中，很多学生缺乏对比意识，经常找到一种思路就直接运算下去，而不考虑思路是否为最优，使运算过程变得复杂而冗长，浪费很多时间，却收不到应有的学习效果。

⑦基于数学运算素养的教学建议

为解决学生运算上的问题，减少运算错误，本书从数学运算的内涵出发，提出以下建议。

第一，明确运算对象，挖掘对象本质。在教学中，教师要指导学生认真阅读、思考与运算过程相关的条件和结论，对最容易忽视的内容和数据进行重点标记，通过由表及里、去伪存真的分析和抽象，明确运算对象，挖掘运算对象的本质，让学生充分地理解运算对象。

第二，掌握运算法则，展示形成过程。在高中数学中，不同的知识有不同的运算法则和运算规律，比如，函数运算、向量运算、概率统计运算等都具有不同的运算法则和思维方法。在教学中，教师要重视公式、法则和定理的推导和证明，让学生亲身感受知识的形成过程，使学生更好的理解运算对象的运算规律和其中所蕴含的数学思想，从而提高学生的数学运算素养。

第三，探寻运算思路，优化运算过程。教师在教学过程中要加强对学生的思维引导，在运算时，鼓励学生探索不同的运算思路，在能够得到结果的众多思路中，通过比较选择运算最为简便的思路，使运算过程达到最优，降低数学运算的复杂程度和难度，使学生可以快速、准确、顺利地得出结果。

第四，重视运算过程，强化结果反思。在具体的运算过程中，经常会有提前没有预想到的情况出现，对此，教师要指导学生学会边运算、边思考，让学生全面地思考问题，针对每一步的运算都要进行适当的反思，培养学生规范化思考的品质和科学严谨的数学精神。当发现运算思路存在漏洞时，教师要指导学生学会及时进行调整和优化，提高运算的正确率。当学生完成整个数学运算过程后，教师要和学生一起进行反思，总结归纳运算过程中出现的问题和表现出来的优点，提高学生的自我认知，和学生一起分析运算错误的根源所在，强化学生对数学运算内涵的理解，将数学运算素养落到实处。

(5) 直观想象

①直观想象的概念

直观想象是指借助几何直观图形和空间想象，感知事物的形态与变化，利用空间形式和图形理解和解决数学问题的素养。主要包括：借助空间认识事物的位置关系、形态变化和运动规律，利用图形描述、分析数学问题，建立数与形的联系，构建数学问题直观模型，探索解决问题的思路。直观想象是发现、分析和解决问题的重要手段，也是构建数学直观模型、探索解决问题路径的重要思维方法。直观想象是学生认知能力的重要组成部分，对学生数学思维和数学思想的发展具有重要的作用。

②直观想象的基本特征

经验性、整体性、逻辑性和预见性是直观想象的四大基本特征。

经验性：直观想象是建立在已有的知识经验、生活经验和活动经验基础之上，利用已有经验对抽象的数学问题产生形象的感知，并通过不断的经验积累和升华，形成新的经验，从而不断提高直观想象素养。这一特征要求教师在平常的教学过程中要积极开展各种实践活动，引导学生在活动中不断积累经验，帮助学生更直观地去理解数学。

整体性：具有直观想象素养的学生经常借助直观，习惯于从结构、关系、类别、层次及系统等各个角度去看待数学问题，了解数学知识之间的区别和联系，并将所获取的信息归纳整理为一个完整的体系，形成清晰、融会贯通的数学知识结构，体现出一种整体性思维。

逻辑性：直观想象是借助几何直观和空间想象来感知事物的形态、位置和变化，通过直观想象在数和形之间建立起联系，在此基础上去对数学问题进行分析和探索，经过合理的数学思考和严格的逻辑推理得出科学结论，在解决问题的过程中充分体现出了逻辑性。

预见性：学生在直观想象的过程中会引发深度思考，会拓展学生的想象空间，激起学生更广泛的联想和猜想，促使学生自觉或不自觉地运用直觉和经验，得到新的结论或在解决问题的过程中出现新的突破，因此，直观想象具有极强的创造性和预见性。

③直观想象的水平层次

直观想象的发展是循序渐进的，每个学生必须经历直观到抽象、有形到无形、外在到内在、非逻辑到逻辑的过程，任何学生都不能跨越式发展。按照由低到高的层次，可以将学生的直观想象水平分为以下五个层次。第一层次是视觉水平，这是直观想象的最低层次，在这一层次中，学生只能根据自己所能看到的事物的外在形态对事物加以区分。第二层次是描述分析水平。在这一层次中学生能够依据已有的知识和经验，对自己所看见的事物的外在形态加以分析和描述，但仍不能理解自己所看到的和数学知识之间的逻辑关系。第三层次是抽象关系水平。学生凭借一定的直观经验能够理解数学知识，能够认识到自己所看见的和数学知识之间的逻辑关系，并可以用简单的非正式的推理来验证自己凭直观得出的结论。第四层次是推理水平。学生对于结论的获取不再是凭借直观经验，而是开始习惯于通过逻辑推理，综合运用已学知识和已有经验去主动探索解决问题的方法和思路。第五层次是公理化水平。学生已经可以从基本的数学概念和数学基本命题出发，运用逻辑推理法则，把数学建立成为演绎系统，建立起数与形的联系，构建出数学问题的直观模型。

④直观想象素养在高中数学中的体现

从高中数学教学的目标和要求来看，直观想象素养渗透于整个高中数学的教学和学习过程中，主要表现在函数、几何与代数、统计与概率、数学建模活动和数学探究活动等四大主题的学习过程中。高中阶段学生的直观想象素养主要表现在学生的数学直观和空间想象能力上，具体表现为：直观想象感知、直观想象分析、直观探索问题和直观想象构建。

在直观想象感知中，直观想象素养主要表现为：第一，抽象几何图形，学生是否可以根据物体的大概特征或详细特征抽象出几何图形，学生能否根据几何图形或语言描述想象出所描述的实际物体；第二，想象实际物体，学生能否根据几何图形想象或语言描述想象出所描述的实际物体；第三，图形运动变化，学生是否能够通过想象物体的方位和相互之间的位置关系用自己的语言或用数学语言来描述图形的运动变化；第四，根据描述画出图形，学生是否能够根据语言描述画出简单或复杂的图形。

在直观想象分析中，直观想象素养主要表现为学生能否借助各种几何直观图形来理解数学概念、描述数学问题、分析数学问题。

在直观探索问题中，直观想象素养主要表现为学生能否通过对实物的动作动手操作进行几何直观探索。

在直观想象构建中，直观想象素养主要表现为：一是图形建构，学生是否具有直观构建的意识，能否主动借助图形来表征问题，学生是否能够从问题的多种表征方式中选取最简洁、最直观的表征方式；二是图形分析，学生是否能够把握图形的大致结构并由规则图形局部想象图形整体，学生是否能将图形局部进行分解、组合或是通过图形转换，从图形的内外部特征来把握图形的本质；三是数形结合，学生是否能够意识到问题情境与图形之间的关联，是否能够结合图形理解具体数据，获取有效的数据信息，实现数与形的灵活转换；四是直观迁移，学生是否能够借助几何图形直观探索，描述分析几何以外的其他数学领域的问题。

⑤直观想象素养的意义

高中数学抽象、复杂，对于很多学生来说难以掌握，面对枯燥乏味的逻辑推理，很多学生都望而生畏。而如果学生具备直观想象素养，就可以利用直观想象来解决数学问题，将抽象的数学语言配以直观的几何图形描述，学生很容易就能够理解和记忆，找到数学问题的本质，降低数学知识的难度，使学生对数学学习产生兴趣，同时通过对生动形象的直观图形的分析、理解和创造，有助于启发学生的灵感，培养学生的创造力。在很多情况下，简洁直观的图形更易于数学问题的表述，也更易于启发学生的解题思路，因而，直观想象成了学生阐述问题的良好载体，优化了学生的思维能力和数学语言运用能力。在直观想象素养培养的过程中，学生依托直观，养成了画图、用图思考问题的习惯，学会了数形结合的思考方式，拓展了学生的思维方式，发展了学生的抽象思维和逻辑思维。因此，直观想象素养不仅有利于学生获取数学信息，也是学生解决数学问题的有力思维工具和重要过程。

⑥基于直观想象素养的教学建议

直观想象素养对学生的数学认知产生了不可估量的重要作用，无论是数学结论的获得还是数学问题的解决，都需要利用直观想象，借助几何图形去思考，从而获得解决问题的途径。这就需要学生不断积累自己的直观想象经验，提升自己的直观想象素养，而课堂教学活动是学生积累直观想象经验的主渠道，所以教师要在课堂教学中有效地落实直观想象，利用直观启发学生去想象，引导学生的理性思考。

在具体教学过程中，教师可以通过数形转化思想来启发学生的直观想象。比如在函数教学中，如果仅靠教师的讲述让学生理解函数的性质、最值、单调性、对称性等问题，学生就会感觉到难度较大，理解起来比较抽象，记忆也不牢固，但若是借助直观想象，通过画出对应函数的图像，在定义域内截出部分图像，函数的各个知识点就会一目了然，学生理解记忆起来也更方便更牢固。数学本身就是数与形的结合体，人们常说"数缺少形变抽象，形缺少数难讨论"，数是形的抽象和概括，形是数的直观体现，教师在教学时要注重向学生渗透"数形结合"的思想方法，让学生养成用"形"解题的习惯，指导学生灵活运用各种解题方法，学会数形之间的自由转换。在教学过程中，教师可以结合教学内容，将实物模具用到课堂教学中，通过具体实物引导学生的空间直观想象。比如，在讲解长方体、正方体、圆柱、圆锥等相关立体几何知识时，教师就可以借助实物模型，引导学生快速入门，掌握、理解相关的概念和性质，慢慢学会对直观图的观察，教师还可以通过学生制作模型、画图、拆解等课堂教学活动，开展对立体几何图形的探究，指导学生用逻辑推理的方法研究图形的性质，帮助学生从逻辑角度去认识几何空间，学会几何思考的方法，从而培养学生的空间想象能力和推逻辑推理能力。教师还要注重教学情境的创设，引导学生在一定的问题情境中开展直观想象感知、直观想象分析和直观想象建构等活动，使学生从已有的知识和经验出发，通过直观想象获得相应的知识和技能，发展学生的思维能力。

(6) 数据分析

随着信息科学技术的迅猛发展，我们已经迈入大数据时代，数据分析是大数据时代数学应用的主要方法，已经深入到现代社会和科学研究的各个方面，"用数据说话"已经成为这个时代的特征，也成了全社会的共识，数据分析已经成为未来人才必备的技能和素养。

①数据分析素养的概念

数据分析素养是指学生针对研究对象获取数据，运用科学的数学方法对数据进行收集、整理、筛选、分析、归纳等一系列活动，所形成的对数据的理解获取能力及运用数据的能力，形成的关于研究对象知识的素养。从数学知识的角度看，数据分析素养就是通过数据探索问题的本质和规律的能力，知道哪些数据是有研究价值的，哪些数据是没有价值意义的；从数据意识的角度看，数据分析素养就是在面对具体的事物或问题时，要在大量可靠数据的基础上，表达现实问题，描述具体事物，遇到问题时能想到收集数据和分析数据，从数据的角度去客观、理性地思考问题、分析问题；从数学能力的角度看，数据分析素养要有数据感知能力、数据处理能力、数据质疑能力和数据应用能力。简而言之，数据分析素养就是在解决和分析问题的过程中利用数据的能力以及分析数据的水平和素养。数据分析的主要过程包括收集数据、整理数据、提取信息、构建模型、进行推理、获得结论。数据分析素养的培养就是要提升学生的数据处理能力，增强学生基于数据表达现实问题的意识，培养学生利用数据思考问题的学习习惯，在数据分析、处理的过程中积累知识探索的相关经验。

②数据分析素养的价值意义

概率与统计是高中数学的重要组成部分，在高中数学体系中占据着非常重要的地位。而概率与统计是以数据为研究对象的学科，通过收集数据、分析数据来帮助我们解决问题，对未来发展做出科学、合理的预测，所以，数据分析素养是概率与统计教学的核心内容。数据分析素养对学生的成长和发展具有深远的影响。在数据分析过程中，学生会根据不同的数据、不同的背景，选用恰当的数据分析方法，从众多数据中提取有效的数据信息，增强学生的亲身体验，让学生在数据分析中体会到什么是偶然性、随机性和规律性，发展学生对数的敏感程度，培养学生思维的灵活性。数据分析素养在本质上体现的是数学的基本思想，在对数据进行分析统计的过程中，往往需要渗透归纳思想、类比思想、统计思想、逻辑推理、统计等数学思想和方法，有助于学生数学素养的形成和发展。在培养学生数据分析素养的过程中，通过各种数据分析教学活动的开展，学生会体会到运用数据分析可以合理地解释、解决生活中的很多实际问题，让学生更深刻地感受到数据分析素养在现实生活中的实用价值，有利于发展学生的应用意识，提高学生的实践能力。所以，培养学生的数据分析素养是高中数学课堂教学的重要目标之一，也是培养学生数学核心素养的重要内容。

③数据分析素养的评价标准

对于一个人数据分析素养水平的评价标准，不同的人有不同的理解和看法。在核心素养视域下，笔者认为，对学生数据分析素养水平的评价应当更加具体、全面，主要包括以下六个方面：一是获取有效数据信息的能力，在面对数学问题时，学生能否直击要害、简明扼要、清晰地表达自己的观点和想法；二是对数据进行分析、评价的能力，数据无处不在，人们很容易被它淹没，其在浩瀚的数据海洋中难辨真假，很多重要的信息都有被忽略的可能，所以，在衡量学生的数据分析素养时，一定要考查学生对重点信息的筛选和提取；三是对获取的数据进行处理的能力，即对收集到的数据进行归类和整理，剔除其中的无效数据，使收集到的数据呈现出系统性、逻辑性；四是运用信息技术处理数据的能力，在新的时代背景下，传统的数据处理方式效率低、准确性差，已经不能适应当今社会的发展需求，excel、数据透视表、vba程序等先进的数据分析工具，已经被广泛应用于数据分析中，所以，利用信息技术处理数据的能力成了评价学生数据分析素养的标准之一；五是利用数据信息进行自主学习的能力；六是学生在大数据背景下表现出来的社会责任和道德情感。具备数据分析素养的人会不断地质疑自己获取到的信息，不断提出疑问，在质疑中不断获取新知，有助于培养学生严谨务实的学习态度和勇于探究的科学精神。

④高中生数据分析素养的培养目标

知识和技能。在核心素养的视域下，要让学生认清当前大数据的时代背景，了解数据的发展趋势，明确数据分析的价值和意义，强化学生数据分析的理论知识学习，培养学生会运用信息技术来处理、分析数据，提高学生的数据分析技能。

数据分析方法。要想对数据进行透彻的分析，除了具备数据分析的知识和技能外，还需要有正确、科学的数据分析方法。在日常的学习和生活中，学生要有一定的观察能力和独立思考能力，善于归纳总结，不断积累学习和生活经验，总结数据分析的方法和规律，准确定位自己所需要的数据信息，并对这些数据信息及时地做出自己的评价，从而节省时间，提高数据分析的效率。同时，还要要求学生们学会合作，加强同学之间的交流，通过合作提高数据分析的效率。

态度培养。在高中数学的学习过程中，特别是在概率与统计教学中，经常需要大量的数据分析和处理，而在大量的数据面前，很多学生表现出来的是极度的厌烦、缺乏耐心。所以，教师在高中数学的教学过程中，要培养学生的耐心和细心，引导学生去体会数据分析的趣味性，感悟数据分析的价值和意义，引起学生的情感共鸣，使学生能够积极主动去学习，培养学生的数据分析能力，使学生形成端正的学习态度，提高学习的自主性。

⑥高中生数据分析素养的培养内容

高中生数据分析素养的培养内容主要包括：数据意识、数据知识和数据能力。

数据意识：培养高中生的数据分析素养，首先就要培养学生的数据意识，我们正处于一个大数据的时代，各种各样的数据每天都在增加和更新，所以，教师在教学时一定要注重培养学生的数据意识，让学生尊重数据、尊重知识，认识到数据的强大说服力，培养学生用数据解决问题的习惯，只有这样学生才不会错过任何有价值的数据信息。

数据知识：数据知识就是和数据、数据分析相关的各种理论知识，不仅包括传统的数据分析的理论经验和方法，获取数据和计算数据的方法，也包括现代先进的信息技术和各种数据分析软件，还包括对未来数据的变化和国际形势的了解和把握，使数据分析具有时代性、时效性和前瞻性。

数据能力：数据能力不仅是数据分析素养的重要内容，也是数据分析素养培养的重要目标。主要包括收集数据的能力、筛选数据的能力、分析数据的能力、保存数据的能力、评价数据的能力等，还包括数据分析所需要的数学逻辑思维能力、观察分析能力、独立思考能力、自主学习能力等。

⑦基于数据分析素养的教学建议

在高中数学教学中，教师让学生理解数据分析的思想远比教授数据分析的方法更重要。教师在教学时可以以实际生活案例为背景，通过对实际问题的解决来让学生理解数据分析的思想，而不是对公式和概念进行死记硬背，帮助学生了解和掌握数据分析的全过程。"做数学"远比"听数学"的教学效果更好，教师在教学的过程中，要结合教学内容和教学实际，多创造机会和条件，组织学生针对当前的热点话题或学生的生活实际开展完整的统计调查活动，让学生亲身参与到问卷设计、样本采取、收集数据、整理数据、提取数据特征、总结数据结论、对数据结论进行评价的整个过程，让学生切切实实地去思考问题，运用所学知识来解决问题，提高学生的数据分析和运用能力，促进学生数据分析素养的形成与发展。教师还要教授学生不同的数据处理和分析方法，除了教会学生手工处理外，还要教会学生相关数据处理软件的用法，使学生认识到科技对人类学习和生活的帮助，增强学生的科技意识，提高数据分析的效率。教师还可以借助先进的信息技术向学生展示不同的数据分析方法，使学生直观地感受不同类型的数据所对应的不同的分析方法，促使学生学会"量体裁衣"，根据实际情况来选择合适的分析方法。教师还要认真研读教材，将学生数据分析素养的培养渗透在日常的教学中，结合相关内容有意识地培养学生的洞察力和分析力，培养学生的数据分析素养。

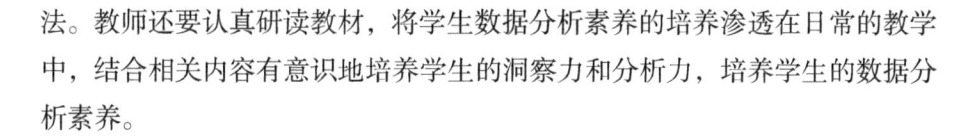

### 2.1.3 数学核心素养的特性

(1) 情境性

作为综合核心素养的重要组成部分，数学核心素养与情境有着密不可分的关系。数学核心素养作为学习者的内在品质和关键能力，是不可能在短时间内就养成的，它需要学生在有特定情境的教学活动中通过自己的独立思考以及和教师、同学的交流讨论中逐渐形成一种思维习惯，是需要经过潜移默化的学习才能获得的。核心素养视域下的数学教学，需要在教学活动中创设合适的教学情境，触动学生的心灵，和学生产生情感共鸣，让学生在具体的情境中来感悟数学思想，积累数学经验，在解决情境所蕴含的数学问题的过程中，形成和发展数学核心素养。总之，情境是培养与发展数学核心素养的必要条件，也是评价数学核心素养的重要依据。多样的教学情境，可以培养和发展学生的数学核心素养，促使学生形成未来社会所必需的能力与品格，有助于学生的全面发展。

(2) 个体性

每个人都是独立的个体，由于性格、成长环境、生活方式、学习能力、学习基础、生活经验、生活阅历等的不同，人们在面对同一个事物或问题时，所表现出来的认知也会大不相同。学生数学核心素养的形成和发展在很大程度上依赖于教师的科学指导，但教师所能提供给学生的只能是知识的表层，而对于知识背后更深层次的本质，需要学生自己去探索和发掘。而在本质探索的过程中，每个学生都会建构、生成不同的知识认知，获得不同的探索体验和感悟，也会产生不同的学习态度，表现出不同的情感和道德品质，使不同的学生形成了不同的数学核心素养。因而，数学核心素养呈现出明显的个体性。

(3) 整体性

数学核心素养是学生在漫长的学习和生活中，不断学习、积累，逐渐形成的具有特定意义的综合能力。数学核心素养不是单独指某一个或某一些知识与技能，也不是一般意义上的数学能力，它是一个综合、整体的概念，不仅包括数学理论知识和技能，也包括在数学学习过程中形成的数学本质和数学思想，是人们通过数学学习建立起来的认识、理解和处理问题时所具备的品质和能力。所以，数学核心素养的六大素养不是相互独立的，而是相互交融的，是不可分割的整体，所有数学问题的解决都要依赖于这六大素养，缺失其中的任何一个，问题都不能得到完全、有效的解决，任何人也无法因为具备其中的某一个或几个素养，就成为具备较高数学核心素养的人，六大素养构成了数学核心素养，六者缺一不可，所以，数学核心素养具有整体性。

(4) 表现性

数学核心素养具有数学学科的属性，与数学学科特征和数学思维密切联系，数学核心素养贯穿于高中数学教学和学习的始终，与每一个学习内容都有千丝万缕的联系，但是，数学核心素养作为一种数学意识，是看不见、摸不着的，但却可以通过学生在特定情境中的行为和解题的过程中表现出来，比如，在数学建模的过程中，学生的核心素养就在抽象、分析、实验、操作、分析、推理、计算、归纳、反思等一系列学习行为中表现了出来，所以，数学核心素养虽然没有实物形态，但却存在于学生的一言一行之中，只要善于观察和思考，每个人的数学素养都很容易被他人所发现，因而，数学核心素养具有明显的表现性。

(5) 生成性

传统的"双基教学"靠的是教师的"灌输""填鸭"和"题海战术"的教学方式，与其相比，数学核心素养视域下的高中数学教学靠的是学生在特定情境中的自主探索和研究，在一系列的探究活动中感受数学知识的形成过程，理解数学知识的本质，感悟数学思想，掌握并灵活地运用数学基本技能，数学核心素养就在数学学习活动中逐渐生成，并不断提升。数学核心素养的形成和发展是一个主动生成的过程，而不是靠外界力量的强制灌输，所以，数学核心素养具有生成性的特征。

(6) 发展性

数学核心素养的形成与学生的先天因素有一定的关系，但是先天因素并不是学生数学核心素养发展的决定因素。数学核心素养的形成与后天的学习是紧密相关的，大多数人的数学核心素养都是在后天学习过程中，慢慢形成并发展起来的。数学核心素养是在学生的认知能力、年龄特点、学习接受能力等基础上建立发展起来的，不同年龄段的学生会表现出不同的数学核心素养，并且随着年龄的增长，个性能力的提升，学生的数学核心素养也会向更高层次推进和发展。由此可见，数学核心素养是一个循序渐进、不断提升的一个持续的发展过程，绝不是在某一个阶段就能完全实现的。因此，数学核心素养具有发展性的特点。

(7) 持续性

数学核心素养是学生在长期的学习和生活中，通过学习、积累、反思、沉淀和升华，逐渐形成的一种思维倾向、思维能力和思维品质，是内在的、稳定的素养，伴随学生的一生，将会持续地影响着学生未来的工作、学习和生活。每个人在面对生活中的问题时经常会有意识、无意识地运用数学思维去思考问题、解决问题，甚至会用数学思维和数学知识去解决数学范畴以外的问题。数学核心素养随着时代的发展不断被加入新的时代元素，数学核心素养是与时俱进的。所以，学生数学核心素养的发展是永无止境的，数学核心素养的培养不是即时性的，而是持续性的、终身的，是随着时代发展，在学习和生活中持续完善和发展的。

## 2.2 高中数学核心素养的理论认识

### 2.2.1 数学核心素养的教育价值

核心素养视域下的各科教学都要从学科素养的高度出发，并以学科素养作为学科教学的终极目标。在众多数学素养中，数学核心素养是处于核心位置的、最基本、最重要、起关键性作用的素养。随着核心素养理念的不断深入，高中数学教学改革不断向更深层次推进，数学核心素养的教育价值日益凸显出来。

(1) 数学核心素养是学生数学素养的重要内容

数学核心素养是在数学抽象、数学运算、逻辑推理、数学建模等基本数学知识和数学技能基础之上所形成的数学思想方法和态度，从侧面体现出了学生对数学在现实生活中的价值和作用的正确认识。数学素养是指为了满足个人发展的需要所具备的认识、理解数学的能力，做出准确数学判断的能力，以及参与数学活动的能力。数学核心素养是学生数学素养的重要组成部分，位于学生数学素养的核心位置，一切教学活动都以数学核心素养为起点和归宿。数学核心素养是数学素养中最重要的思维品质和关键能力，是经过不断学习、积累起来的数学认知和解决问题所必备的能力和品质，是在解决问题时所表现出来的思考方法和解决策略。数学核心素养和数学知识、数学探索能力、解决问题的能力共同构成了数学素养，所以，数学核心素养是学生数学素养的重要组成部分，是学生数学素养的重要内容。

(2) 数学核心素养是高中数学课堂教学的基本理念和总体目标

高中数学课堂教学的总体目标是进一步提高高中生作为未来公民所必须具备的数学素养，以更好地满足学生未来发展和社会进步的需要。高中数学教育的一个重要价值就在于提升学生的数学素养，因此提升学生的数学核心素养成了高中数学教育的重中之重。学生数学核心素养的提高是高中数学课堂教学良好教学效果的重要体现，也是学生在数学方面获得良好发展的重要标志。高中数学课堂教学不仅要让学生掌握数学知识，学会数学方法，还要有意识地培养学生的数学思想和数学思维，帮助学生积累数学思维活动和实践活动经验，而这些正是数学核心素养的重要组成部分，也是学生在现代社会中必不可少的素养，是学生继续学习必不可少的条件。所以，数学核心素养是高中数学课堂教学的重要理念，也是重要的教学目标，是对学生提出的基本要求，对学生的未来发展具有深远的影响。

(3) 数学核心素养有利于培养正确的数学观念

数学观念也被人们称为"数学头脑"，是指人们运用数学思维、数学知识、数学技能等思考问题、分析问题、解决问题的自觉意识和思维习惯。主要包括推理意识、抽象意识、整体意识、化归意识和应用意识。推理意识是指当遇到问题时，能够根据自己的经验和已学知识对问题进行大胆、合理的推测；抽象意识是指在遇到问题时习惯于从本质上去看待问题，将现实问题自觉地转化为数学问题；整体意识是指在分析问题和解决问题的过程中要全面地、整体地去看待问题，综合考虑各方面因素，从全局来考虑问题；化归意识是指在问题研究过程中要用联系的、发展的、运动的眼光看问题，有意识地将复杂的问题按照一定的方法和原则进行转化，化难为易，将其转化为简单、易于解决的问题；应用意识是指当面对问题时能够主动站在数学的角度，尝试运用数学思想方法来解决问题，同时，也指运用已学知识主动探索新知的意识。推理意识、抽象意识、整体意识、化归意识和应用意识共同构成了我们常说的"数学观念"，引导、制约着数学教育，同时也改变着数学教育。

在核心素养视域下，高中数学核心素养深刻地影响着学生的数学观。数学抽象素养帮助学生更好地理解数学知识，认清数学问题的本质，提高了学生的抽象思考和数学理解能力，有助于发展学生的推理意识和抽象意识，促使学生形成合理、科学的数学观念；逻辑推理素养主要涉及类比、归纳、演绎等数学思想方法，可以帮助学生理解、建立起数学知识之间的联系，有助于培养学生的整体意识和化归意识，促使学生形成有条理的数学观；数学建模素养培养了学生数学建模、解决问题的能力，使学生可以从数学的角度去看待问题、分析问题，用数学语言表述问题、解决问题，使数学问题的解决有理有据，使学生的数学应用意识得到了很好的发展和实践；数学运算素养、直观想象素养和数据分析素养为学生提供了正确解决问题的途径和方法，培养了学生的应用意识，帮助学生矫正了错误的数学观。所以，数学核心素养有利于培养学生正确的数学观念

(4) 数学核心素养可以有效地指导教学实践

随着新课程改革的不断推进，教育部针对高中数学学科的特点，对学生提出了数学核心素养的要求。为了落实当前教育改革的目标，一线的高中数学教师开始在核心素养视域下，积极探索对学生进行数学核心素养培养的策略，数学核心素养的教育理念在优化课堂教学、提高学生数学素养方面发挥了重要的指导作用，有效地指导了教学实践。在以往的高中数学教学中，教学目标的设计是教师进行一切教学活动的开端，在对学生进行数学知识的讲解中，教师经常以教学目标的内容为导向，设计课堂教学活动、选择课堂教学策略，在落实教学目标的基础上，提高教学效果。而数学核心素养下的高中数学课堂教学，从数学核心素养的多个角度对学生进行要求，将教学目标进行细化，并同时指向数学核心素养，以数学核心素养为指导，做好教学策略和教学活动的安排，在培养学生数学核心素养的同时满足教学目标的要求。在数学核心素养的指导下，教师改变了传统"一言堂"的课堂教学模式，

在教学过程中引入了生活元素，积极开展数学建模、小组合作等教学活动，借助丰富多彩的教学活动，促进学生核心素养的发展，让学生在实际应用数学知识的过程中，提高学习效果，满足数学核心素养的要求。所以，数学核心素养有效地指导了教学实践，大大提高了高中数学的课堂教学效率。

### 2.2.2 数学核心素养与学生发展核心素养的关系

1.学生发展核心素养

（1）总体框架：学生发展核心素养主要是指学生应具备的、能够适应终身发展和社会发展需要的必备品格和关键能力。对学生发展核心素养的研究是落实立德树人根本任务的一项重要举措，也是顺应教育改革发展趋势，提升我国教育竞争力的迫切需要。中国学生发展核心素养以科学性、时代性和民族性为基本原则，以培养全面发展的人为核心，包括人文基础、自主发展、社会参与三个方面，综合表现为人文底蕴、科学精神、学会学习、健康生活、责任担当、实践创新六大素养，并具体细化为国家认同的十八个基本要点，如表2-1所示。

表2-1 中国学生发展核心素养

| | | | | |
|---|---|---|---|---|
| 中国学生发展核心素养（全面发展的人） | 文化基础 | 人文底蕴 | 人文积淀 | 具有古今中外人文领域基本知识和成果的积累；能理解和掌握人文思想中所蕴含的认识方法和实践方法等。 |
| | | | 人文情怀 | 具有以人为本的意识，尊重、维护人的尊严和价值；能关切人的生存、发展和幸福等。 |
| | | | 审美情趣 | 具有艺术知识、技能与方法的积累；能理解和尊重文化艺术的多样性，具有发现、感知、欣赏、评价美的意识和基本能力；具有健康的审美价值取向；具有艺术表达和创意表现的兴趣和意识，能在生活中拓展和升华美等。 |

续　表

| | | | |
|---|---|---|---|
| 中国学生发展核心素养（全面发展的人） | 科学精神 | 理性思维 | 崇尚真知，能理解和掌握基本的科学原理和方法；尊重事实和证据，有实证意识和严谨的求知态度；逻辑清晰，能运用科学的思维方式认识事物、解决问题、指导行为等。 |
| | | 批判质疑 | 具有问题意识；能独立思考、独立判断；思维缜密，能多角度、辩证地分析问题，做出选择和决定等。 |
| | | 勇于探究 | 具有好奇心和想象力；能不畏困难，有坚持不懈的探索精神；能大胆尝试，积极寻求有效的问题解决方法等。 |
| | 自主发展 | 乐学善学 | 能正确认识和理解学习的价值，具有积极的学习态度和浓厚的学习兴趣；能养成良好的学习习惯，掌握适合自身的学习方法；能自主学习，具有终身学习的意识和能力等。 |
| | | 勤于反思 | 具有对自己的学习状态进行审视的意识和习惯，善于总结经验；能够根据不同情境和自身实际，选择或调整学习策略和方法等。 |
| | | 信息意识 | 能自觉、有效地获取、评估、鉴别、使用信息；具有数字化生存能力，主动适应"互联网+"等社会信息化发展趋势；具有网络伦理道德与信息安全意识等。 |
| | 健康生活 | 珍爱生命 | 理解生命意义和人生价值；具有安全意识与自我保护能力；掌握适合自身的运动方法和技能，养成健康文明的行为习惯和生活方式等。 |
| | | 健全人格 | 具有积极的心理品质，自信自爱，坚韧乐观；有自制力，能调节和管理自己的情绪，具有抗挫折能力等。 |
| | | 自我管理 | 能正确认识与评估自我；依据自身个性和潜质选择适合的发展方向；合理分配和使用时间与精力；具有达成目标的持续行动力等。 |

续 表

| 中国学生发展核心素养（全面发展的人） | 社会参与 | 责任担当 | 社会责任 | 自尊自律，文明礼貌，诚信友善，宽和待人；孝亲敬长，有感恩之心；热心公益和志愿服务，敬业奉献，具有团队意识和互助精神；能主动作为，履职尽责，对自我和他人负责；能明辨是非，具有规则与法治意识，积极履行公民义务，理性行使公民权利；崇尚自由平等，能维护社会公平正义；热爱并尊重自然，具有绿色生活方式和可持续发展理念及行动等。 |
|---|---|---|---|---|
| | | | 国家认同 | 具有国家意识，了解国情历史，认同国民身份，能自觉捍卫国家主权、尊严和利益；具有文化自信，尊重中华民族的优秀文明成果，能传播弘扬中华优秀传统文化和社会主义先进文化；了解中国共产党的历史和光荣传统，具有热爱党、拥护党的意识和行动；理解、接受并自觉践行社会主义核心价值观，具有中国特色社会主义共同理想，有为实现中华民族伟大复兴中国梦而不懈奋斗的信念和行动。 |
| | | | 国际理解 | 具有全球意识和开放的心态，了解人类文明进程和世界发展动态；能尊重世界多元文化的多样性和差异性，积极参与跨文化交流；关注人类面临的全球性挑战，理解人类命运共同体的内涵与价值等。 |
| | | 实践创新 | 劳动意识 | 尊重劳动，具有积极的劳动态度和良好的劳动习惯；具有动手操作能力，掌握一定的劳动技能；在主动参加的家务劳动、生产劳动、公益活动和社会实践中，具有改进和创新劳动方式、提高劳动效率的意识；具有通过诚实合法劳动创造成功生活的意识和行动等。 |
| | | | 问题解决 | 善于发现和提出问题，有解决问题的兴趣和热情；能依据特定情境和具体条件，选择制订合理的解决方案；具有在复杂环境中行动的能力等。 |

续 表

| 中国学生发展核心素养（全面发展的人） | 社会参与 | 实践创新 | 技术运用 | 理解技术与人类文明的有机联系，具有学习掌握技术的兴趣和意愿；具有工程思维，能将创意和方案转化为有形物品或对已有物品进行改进与优化等。 |
|---|---|---|---|---|

（2）基本内涵：①文化基础。深厚的文化基础是中华民族生生不息的根基所在，具体表现为人文底蕴和科学精神两大素养。人文底蕴是学生在长时间的学习和生活中不断积累所形成的基本能力、情感态度和价值取向，主要包括人文积淀、人文情怀和审美情趣等基本点。科学精神是学生在学习和生活实践中所形成的价值标准、思维方式和行为表现，具体细化为理性思维、批判质疑、勇于探究等基本点。②自主发展。自主发展重在强调学生的主体性，强调学生可以有效地管理自己的学习和生活，对自己有正确的自我认知，主要包括学会学习、健康生活两大素养。学会学习主要是指学生拥有自主学习的意识和方法，拥有学习的能力，可以对自己的学习进程进行科学的评估和调控，具体包括乐学善学、勤于反思、信息意识等基本要点。健康生活主要是指学生在自我认知、身心发展和人生规划等方面的综合表现，具体包括珍爱生命、健全人格、自我管理等基本要点。③社会参与。社会性是人的本质属性。社会参与重在强调学生能处理好自我和社会的关系，增强个人的社会责任感，自觉遵守和履行社会道德准则和行为规范，提升实践能力和创新精神，促进个人价值的实现，推动社会的发展进步，使学生成为具有崇高理想信念、敢于担当的合格接班人。社会参与可以细分为责任担当和实践创新两大基本素养。责任担当主要是指学生在面对社会、国家、国际等关系和形势时，所形成的情感态度、价值取向和行为方式，具体可以细化为社会责任、国家认同、国际理解等基本要点。实践创新主要是指学生在日常的学习、生活和实践活动中所形成的实践能力、创新意识和行为表现，具体可以细化为劳动意识、问题解决、技术应用等基本要点。

2. 数学核心素养与学生发展核心素养的关系

数学核心素养是具有数学基本特征的适应个人发展和社会发展需要的关键能力和思维品质，是从学科的内部角度界定的本学科的核心素养，具有明显的学科性。而学生发展核心素养是针对学生在一个阶段的学习形成的一般发展，包括重要和关键的品格和能力。

数学核心素养是在学生发展核心素养的框架下，根据数学的学科特征和育人功能提出来的，具有大局观、大视野，承担了一定的公共责任和义务，突破了知识本位的思想局限，体现了学生总体的核心素养。数学核心素养的培养有利于全面落实学生发展核心素养。

数学核心素养和学生发展核心素养是相交的，数学核心素养的总和不等于学生发展核心素养，主要原因在于数学教学不是学校教育的全部，学生发展核心素养也不是全部依靠学科课程和教学来形成的，有些数学核心素养对于数学学科本身是非常重要和关键的，但是对于学生的一般发展却未必是关键的。比如，几何直观是数学核心素养之一，在解决数学问题的过程中属于数学关键能力，但对于学生的一般发展却不是必需的、关键的。

高中数学的课堂教学和教学目标既要由学科本身的特殊性来决定，同时也要受制于学生全面发展的总目标。高中数学的课程设计和教学过程，既要关注学生的学科核心素养，同时又要关注学生的发展核心素养，高中数学的课堂教学同时承担着学科目标的实现和学生一般发展目标的实现。所以，数学课堂教学是培养学生数学核心素养，形成学生发展核心素养的重要途径。

学生发展核心素养具有跨学科性，但它不是独立存在的，必须通过各学科的课程教学来实现，所以，学生发展核心素养需要通过高中数学的课程教学来实现，高中数学具有培养学生数学素养的任务，同样也是实现学生发展核心素养的重要载体，数学核心素养是学生发展核心素养的重要组成部分。

### 2.2.3　核心素养是"关键素养"，不是"全面素养"

随着教育界对核心素养的追捧和热议，产生了两种观点，一种观点认为，学生发展核心素养内容涵盖较多、范围较宽泛，缺乏核心特质，因而把核心素养视为"全面素养"；还有一种观点认为，核心素养是全面素养的全息单元，二者并不矛盾，更加强调核心素养的"核心"，即学生未来生活和社会发展最为突出的需求，而这种需求就是"关键素养"，因而把核心素养视为"关键素养"。无论是把核心素养解读为全面素养，还是解读为关键素养，都是从核心素养的本体角度作出的阐释，也就是在探讨核心素养应该"是什么"的问题，体现的是核心素养自身的概念逻辑。然而，立足当前新课程改革的大背景下，对核心素养的研究和探讨要超越本体论和认识论的范畴，从课程改革方法论的角度来理解核心素养。

将核心素养理解为"全面素养"是基于一种科学理性的精神而给出的，它不仅内在的假定课程改革的方案是合理的，还同样做出了理性人的假定，认为一个合理的课程改革方案一定会被一线实践者认同、接受并得到有效的落实。全面素养视域下的课程教学改革主要是依靠自上而下的力量来完成的，如依靠相应的法律、制度、政策等来推动改革的进行，课程改革具有外力推动和强制性的特征，与我国当前的新课程教育改革不相符。全面素养是以课程改革意欲实现的目的为依据，来决定实践者采取何种手段和方法，教育实施者需要对课程教学的内容、方法、本质和价值进行全面的创新，很容易造成人们对以往课改的否定，使人们出现割裂式的改革思维。而当前的新课程教学改革是在原有教育基础上进行的发展、完善和创新，并不是对以前教育模式的全盘否定，所以，对全面素养的理解和当前的教育改革存在着冲突和矛盾。

将核心素养理解为"关键素养"，是从学生未来生活需要和社会发展需要出发，界定学生在当前和未来生活中应该具备的最为重要的知识、能力、品质、情感等，突出的是核心素养的"核心"，强调的是个人成长和社会所需要的而并不是全部。基于这一理解，课程改革所关注的焦点不再是整体教学方案的合理设计，而是如何在课程与教学中以零散的方式实现关键素养的培养，主要做法就是在教育和教学中寻找当下或未来学生与社会发展需求之间最为突出的主要矛盾和关键问题，并通过课程改革解决这一矛盾和问题，这就意味着新的课程改革是在既有教学模式上寻找创新和发展的突破口，实现以点带面，有助于教学改革的推进，避免了断裂式改革思维的出现。将核心素养理解为"关键素养"，意味着问题推动式改革思维的确立，教学改革的实施者需要审视自身的发展需求和面临的问题，积极寻找解决问题的路径，不同的学科，不同的阶段、不同的施教者会根据自己的教学实际和学生需求确定自己教学的"关键素养"，同时也会用自己的教学经验来推动课程教学改革的进程，表现出了内发式的改革路径，呈现出开放、动态、发展的特征，意味着课程教育改革由过去的文本层面逐渐向教师领悟的课程、实际运作的课程和学生实践的课程所倾斜，更加切合我国教育课程改革的历史与现实，也更加符合课程改革不断深化的未来诉求，因此，将核心素养解读为"关键素养"，更加切合我国教育改革的实际和未来发展。

# 第 3 章　高中生数学学习现状调查

## 3.1　高中生数学学习现状的调查分析

### 3.1.1　缺乏数学学习兴趣，导致学习能力差

高中是学生学习生涯中非常重要的阶段，是学生们能否考上理想大学，将来能否有更好发展的关键阶段，这一阶段的教育和学习显得尤为重要。通过平时和教师、同学的交流以及对学生的观察，笔者发现学生们对高中阶段的数学学习兴趣不高，在学习上存在很大的困难，很多学生一提到数学就有恐惧感，对数学很是头疼，在学习时经常会有逃避的心理，对数学学习感到厌烦。学生的数学成绩在高一就开始出现分化的现象，到高二、高三就更加严重，学习跟不上的学生越来越多，这些学生学得也越来越吃力，呈现出了明显的两极分化趋势，很多数学成绩差的学生开始慢慢放弃了数学学习，这部分学生的数学学习兴趣越来越低，学习能力也越来越差。

兴趣是一个人倾向于认识、研究获得某种知识的心理特征，是推动人们求知的一种内在力量。在新课程标准中明确提出"把提高学习数学的兴趣，树立学好数学的信心，形成锲而不舍的钻研精神和科学态度"作为数学教学的目标之一。高中数学和初中数学相比，理论性和抽象性更强，内容含量也更大，很多学生对数学学习的兴趣不足，存在较为严重的厌学情绪，数学学习兴趣成了制约学生数学成绩和数学能力发展的一个非常重要的因素。为此，笔者就学生的数学学习兴趣现状进行了一次系统的调查了解，以期为教学内容和教学方案的改进和优化提供参考和依据。提高高中数学的课堂教学效果，增强学生学习的兴趣。

1. 对高中生数学学习兴趣的调查了解

作为从事教学一线工作的一名教师，笔者借助教育教学的便利条件，

确定以自己教学所在学校的部分高中生为研究对象，对高中生数学学习兴趣进行调查，通过调查问卷和访谈法，了解当前高中生的数学学习兴趣现状以及影响学生数学学习兴趣的相关因素。为了使数学学习兴趣的调查更具科学性和现实的针对性，笔者在本次调查中建立了《高中生数学学习兴趣调查问卷》，以此来定量判断学生学习数学的兴趣水平，并以自己教学所在学校高一、高二、高三年级各两个班级的学生作为调查对象，共计325人，其中女学生152人，男生173人，调查结果如表3-1所示。

表3-1 高中生数学学习兴趣调查的基本情况和原始统计

| 年级 | | 高一 | | 高二 | | 高三 | |
|---|---|---|---|---|---|---|---|
| 班级 | | 1 | 5 | 2 | 11 | 5 | 14 |
| 调查人数（人） | | 53 | 55 | 54 | 54 | 55 | 54 |
| 废卷（份） | | 2 | 0 | 1 | 1 | 3 | 0 |
| 有效卷（份） | 男 | 25 | 28 | 29 | 27 | 25 | 27 |
| | 女 | 26 | 27 | 24 | 26 | 27 | 27 |
| 兴趣水平分级（人） | 兴趣浓 | 9 | 10 | 7 | 8 | 8 | 3 |
| | 感兴趣 | 34 | 36 | 35 | 35 | 30 | 32 |
| | 不感兴趣 | 8 | 9 | 11 | 10 | 14 | 19 |

从表中的数据可以看出，废卷较少，约占调查总人数的1.99%，总有效率达98.01%，说明该调查问卷所得到的兴趣水平具有一般性，能够反映高中生数学学习兴趣的实际。

（1）高中生性别、年级与数学学习兴趣与的调查（见表3-2，表3-3）

表3-2 高中生性别与数学学习兴趣情况统计

| | 兴趣浓 | | 感兴趣 | | 不感兴趣 | |
|---|---|---|---|---|---|---|
| | 人数 | 比例 | 人数 | 比例 | 人数 | 比例 |
| 男生 | 30 | 9.43% | 94 | 29.56% | 37 | 11.63% |
| 女生 | 27 | 8.49% | 96 | 30.19% | 34 | 10.69% |

从表中可以看出，男生学习数学的兴趣略高于女生，但差异并不显著，所以，性别差异对学生的数学学习兴趣影响并不大，甚至可以忽略。

表3-3　高中各年级学生数学学习兴趣情况统计

|  | 兴趣浓 |  | 感兴趣 |  | 不感兴趣 |  |
| --- | --- | --- | --- | --- | --- | --- |
|  | 人数 | 比例 | 人数 | 比例 | 人数 | 比例 |
| 高一 | 19 | 5.97% | 70 | 22.01% | 17 | 5.35% |
| 高二 | 15 | 4.71% | 70 | 22.01% | 21 | 6.60% |
| 高三 | 11 | 3.46% | 62 | 19.50% | 33 | 10.38% |

从表中可以看出，高中生的数学学习兴趣在各年级的分布基本相同，说明学生的数学学习兴趣具有一定的稳定性，但随着年级的升高，数学难度的加大，对数学学习兴趣的比例有所下降。

（2）高中生数学成绩、数学学习动机与数学学习兴趣的调查（见表3-4，3-5）

表3-4　高中生数学成绩与数学学习兴趣情况统计

|  | 兴趣浓 |  | 感兴趣 |  | 不感兴趣 |  |
| --- | --- | --- | --- | --- | --- | --- |
|  | 人数 | 比例 | 人数 | 比例 | 人数 | 比例 |
| 优秀 | 33 | 10.38% | 70 | 22.01% | 0 | 0% |
| 良好 | 10 | 31.45% | 76 | 23.90% | 0 | 0% |
| 一般 | 2 | 0.63% | 44 | 13.84% | 13 | 4.08% |
| 较差 | 0 | 0% | 12 | 3.77% | 58 | 18.24% |

从表中可以看出，数学学习成绩较好的学生对数学学习的兴趣度比较高，相反，数学成绩越差的学生，对数学学习的兴趣越低，说明学生的数学成绩和数学学习兴趣存在显著的正相关关系。

表3-5　高中生数学成绩与数学学习动机情况统计

|  | 兴趣爱好 |  | 有使用价值 |  | 高考压力 |  | 教师管教 |  |
| --- | --- | --- | --- | --- | --- | --- | --- | --- |
|  | 人数 | 比例 | 人数 | 比例 | 人数 | 比例 | 人数 | 比例 |
| 优秀 | 62 | 19.49% | 22 | 6.92% | 14 | 4.40% | 5 | 1.57% |
| 良好 | 46 | 14.45% | 14 | 4.40% | 15 | 4.71% | 11 | 3.46% |
| 一般 | 3 | 0.94% | 15 | 4.71% | 19 | 5.97% | 22 | 6.92% |

|  | 兴趣爱好 || 有使用价值 || 高考压力 || 教师管教 ||
|---|---|---|---|---|---|---|---|---|
|  | 人数 | 比例 | 人数 | 比例 | 人数 | 比例 | 人数 | 比例 |
| 较差 | 2 | 0.63% | 5 | 1.57% | 8 | 2.52% | 55 | 17.30% |

从表中可以看出，对数学学习感兴趣的学生数学成绩普遍较好，成绩较好的学生，其数学学习的动机主要就是兴趣爱好，还有部分学生的数学学习动机不是出于兴趣爱好，而是为了高考不得不学，还有的是在教师的严格管教下被动地去学习，还有一小部分学生是为了使用数学知识而去学习数学。从表中我们可以看出，大部分学生的数学学习动机是积极的，但仍有部分学生的数学学习动机较弱，具体表现为缺少学习数学的兴趣，没有真正认识到数学的价值，把数学作为升学的必考科目去学习，作为教师布置的任务去学习，使得学习过程枯燥无趣。说明在数学课堂教学中，教师需要引导学生形成正确的数学价值观，培养学生的数学学习兴趣。

（3）高中生的学科认知情况与数学学习兴趣的调查

学习一门学科，首先要弄清楚这是一门怎样的学科，只有弄清学科的本质，才能对其产生兴趣。而现阶段高中生对高中数学的看法大多停留在感性的层面上，将高中数学定义在了枯燥、难学的框架之内，对数学学科存在一定的偏见。从目前来看，学生对数学学科的认知主要是通过对数学史、数学文化的学习来获取的，因此，笔者对学生对数学史、数学文化的了解程度与数学学习兴趣的关系进行了调查，调查结果如表3-6所示。

表3-6 高中生对数学史、数学文化的了解程度与数学学习兴趣情况统计

|  | 兴趣浓 || 感兴趣 || 不感兴趣 ||
|---|---|---|---|---|---|---|
|  | 人数 | 比例 | 人数 | 比例 | 人数 | 比例 |
| 非常了解 | 30 | 9.43% | 21 | 6.60% | 0 | 0% |
| 一般了解 | 11 | 3.46% | 116 | 36.48% | 20 | 6.29% |
| 不了解 | 4 | 1.26% | 65 | 20.44% | 51 | 16.04% |

从表中可以看出，学生对数学史、数学文化的了解程度越高，其数学学习兴趣就越高。通过对数学史的了解，不仅可以使学生在平时的学习中对数

学问题的产生背景加深了解，还可以让学生认识到数学学科与人类生产、生活发展的关系，更好地体会到数学的价值和意义，帮助学生感受到数学学习的重要性，从而激发学生的数学学习动力，提高学生的数学学习兴趣。

(4) 课堂教学模式与高中生数学学习兴趣的调查（见表3-7）

表3-7 课堂教学模式与高中生数学兴趣情况统计

|  | 灌输式教学 || 教师演示讲解 || 师生共同讨论 || 研究性学习 ||
| --- | --- | --- | --- | --- | --- | --- | --- | --- |
|  | 人数 | 比例 | 人数 | 比例 | 人数 | 比例 | 人数 | 比例 |
| 兴趣浓 | 0 | 0% | 6 | 1.89% | 15 | 4.71% | 24 | 7.55% |
| 感兴趣 | 8 | 2.52% | 14 | 4.40% | 120 | 37.74% | 60 | 18.87% |
| 不感兴趣 | 2 | 0.63% | 5 | 1.57% | 51 | 16.04% | 13 | 4.09% |

从表中可以看出，课堂教学模式在很大程度上影响了高中生对数学学习的兴趣，大部分学生对传统的灌输式教学表现出不感兴趣，都期望生动的、可参与的课堂教学模式。因此，课堂教学模式的改革刻不容缓，教师在设计教学活动时要以学生为主体，从学生的实际需求出发，创造生动、灵活、师生共同参与的课堂氛围，开展探究性的学习活动，让学生主动地参与到课堂教学中，让学生感受到数学学习的快乐，从而提高学生的学习兴趣。

通过上述调查了解，笔者认为数学学习不仅是知识和经验的传承，更应该是一种心理上的需求和情感上的满足，不要把数学学习当作一种任务、一项使命，而是把数学学习当成一种兴趣和习惯，只有这样数学课堂才能成为学生的乐园、知识的天堂。

2. 引起高中生数学学习兴趣的原因

通过和学生的访谈了解，笔者对引起学生数学学习兴趣的原因进行了归纳和总结，主要分为让学生对数学产生兴趣的原因和学生对数学学习失去兴趣的原因两大类。

(1) 让学生产生学习兴趣的原因

从总体上看，促使学生产生数学学习兴趣的原因主要包括以下几个方面：数学学科、教学形式、数学教师、学生自身和其他因素。

高中数学具有独特的学科特点，它可以培养学生思维的敏捷性、严谨性、抽象性和逻辑性，还可以锻炼学生的推理能力、建模能力和应用能力，培养学生的意志力和耐心，使学生形成沉着、冷静、睿智的品性，培养学生独立思考的习惯和勇于探索的精神。高中数学充满了神奇与奥妙，同时，还具有和谐、简单、统一、奇异的美的特性，本身对学生就具有较强的吸引力，所以，很多学生都是由数学学科本身的魅力而对数学学习产生了兴趣。

教学形式在引起学生数学学习兴趣的过程中发挥了重要的作用。一般来讲，好的教学形式生动多样，能够利用现代化的教学手段将抽象的数学问题直观化、形象化，在课堂教学中融入更多的生活元素和时代元素，拉近数学知识和现实生活的距离，让学生对陌生的数学知识产生亲切感，更容易使学生对数学知识产生主动探究的兴趣。另外，教师在教学时给予学生更多的自主空间和时间，充分发挥学生的自主性，让学生亲自体验数学学习的乐趣，而不是过多的包办代替学生，有效地激发了学生的学习兴趣。

在高中数学学习过程中，教师是学生学习的引导者、鼓励者和合作者。教师在教学的过程中，爱岗敬业、治学严谨，对学生亲切、有耐心、有责任心，在教学中可以容忍学生不同的意见和看法，鼓励学生独立思考，对待学生公平、民主、一视同仁，尊重学生的个性差异，给予学生充分的关爱、信任、鼓励和期望，可以让学生感受到教师对其的关注，有效地促使学生对数学学习产生兴趣。另外，教师的人格魅力也是引起学生数学学习兴趣的重要原因。如果教师综合能力强，教法得当，在教学时重点突出，目标清晰合理，教学语言准确、简洁、逻辑性强，教学进度适中，自然就会吸引更多的学生融入课堂教学中，使更多的学生对数学学习产生兴趣。

学生是学习的主体，学生的自身因素对数学学习兴趣的产生有着非常重要的影响。如果学生自己喜欢动脑筋，能够认识到数学学习的重要性，拥有良好的学习习惯、学习方法和坚韧顽强的学习毅力，足够的学习耐心，曾经获得过数学学习给自己带来成功的感受，就容易对数学学习产生兴趣，并且将其作为一种长久的兴趣保持下去。

此外，还有一些其他因素可以引起学生数学学习的兴趣。比如，与他人讨论数学问题时的痛快感，学好数学可以提高高考的竞争力，日常的生活和今后的工作离不开数学，取得好的数学成绩可以得到家长的肯定和奖励等等。

(2) 学生对数学学习失去兴趣的原因

高中生对数学学习失去兴趣的主要原因主要集中在学生自身、数学学科、数学教师三个方面。

笔者在调查了解中发现，很多对数学学习失去兴趣的学生都曾经历过数学学习的失败，在几次失败之后学生就会产生一定的挫败感，对数学学习失去信心；还有很多学生没有掌握学习数学的有效方法，对数学学习缺乏足够的耐心，每当在学习中遇到困难时就会畏缩不前，久而久之，就对数学学习产生了畏惧感，数学学习兴趣也随之降低；还有部分学生数学基础差，一时的脱节就容易被落下，导致不会的数学知识越积越多，使数学学习越来越困难，数学学习兴趣也越来越低。

高中数学本身就具有较强的抽象性和逻辑性，很多学生认为数学太抽象，数学内容太难、太深，难以理解，数学知识的逻辑性和连贯性又太强，再加上数学计算太多，很容易让学生失去耐心，鉴于高中数学的这些特点，很多学生觉得高中数学抽象、枯燥、乏味，从内心深处对高中数学具有抵触情绪，对数学学习难以提起兴趣。

此外，如果教师对学生不能一视同仁，对学生缺乏耐心和细心，甚至歧视数学差生，很容易让学生产生负面情绪。如果教师过于严肃，不能平易近人，学生就会对教师产生疏远感，影响学生数学学习的积极性。另外，教师在课堂上只顾及少数人或只顾自己讲而不注意教学信息的及时有效反馈，教学内容脱离学生实际，教学手段缺乏趣味性和新颖性，就会降低学生的学习兴趣。如果教师布置的作业量太多、作业内容过难，也会让学生对数学学习失去兴趣。

通过对调查数据的分析，笔者发现，有很多学生的数学兴趣发生了转变，由原来的感兴趣变为了不感兴趣。当然也有部分学生有原来的不感兴趣，变成了感兴趣。

学生之所以发生数学学习从感兴趣到不感兴趣的转变，究其原因主要是：①教学进度太快或在学习数学知识的过程中出现脱节，导致负积累现象的出现；②随着年级的上升，高中数学的知识难度逐渐加大，特别是高三阶段，导致害怕数学学习的学生越来越多，理解困难和跟不上的学生越来越多；③伴随年级变换、教师的变更或对教师不好的印象，使学生对数学学习兴趣发生改变；④努力学习之后出现的考试失败或成绩不理想，使学生对数学学习的信心降低，自我成就感降低；⑤考试失利后教师、家长的不理解，甚至是打击歧视，给学生带来负面的心理影响，使学生对数学学习从喜欢向厌倦转变；⑥学习科目的增多，分散了学生的学习精力，使学生的学习注意力和学习的兴趣点发生了转变。

学生发生数学学习从不喜欢到喜欢的转变，其主要原因有：教师的激励、启发和开导；教师的关爱、耐心、信任和鼓励；可能是某次考试所取得的成功，使学生的自我效能感增强，让学生感受到了成功的喜悦，收获了足够的成就感，促使其学习观念发生了转变；学生自身心态的转变，认为数学学习是对自己能力的挑战和证明，因而对数学学习产生了兴趣。

总之，引发学生数学学习兴趣的原因是多种多样的，教师在教学的过程中要更多地关注学生的需求，从学生和教学实际出发去思考问题，优化课堂教学设计，真正做到以学生为主体，充分信任学生、尊重学生，充分发挥学生的主体能动作用，让学生主动参与到课堂教学中，激发学生的学习兴趣，培养学生的数学能力和数学素养，使数学课堂充满生机和活力。

### 3.1.2 知识掌握不系统，没有形成认知结构

数学认知结构是学生头脑中所形成的、经过学生主观改造后的数学知识结构，它是数学知识结构与学生心理结构相互作用的产物，其内容包括数学知识和这些数学知识在头脑中的组织编排方式与特征。学生的数学认知结构是在后天的学习活动中逐渐形成和发展起来的，是由教材中的数学知识结构转化而来的，是数学知识模块化、层次化和网状化的表现。数学知识结构是数学认知结构得以形成的物质基础和客观依据，如果数学知识掌握得不系统，就难以形成完善的认知结构。

1. 高中生的认知结构

高中生的认知结构主要包括：感知、记忆、想象、思维。

(1)感知

感知是高中生认知结构形成的起点。我们对事物获取感知的途径主要有触觉、视觉、听觉和味觉，而在数学认知结构形成的过程中，对数学知识的感知主要来源于观察力。观察力是一种有目的、有计划地进行感知的能

力。高中数学学习内容复杂、难度大，需要学生具备较高的观察力和思维水平。在初中阶段，学生经常是根据教师的要求进行观察，具有被动性，而随着年龄的增长，学生的自我意识增强，到了高中阶段，学生的观察能力呈现出新的发展特点。高中生自我意识增强，自觉能力也得到了提高，他们已经能够主动地制订观察计划，并能根据实际情况对观察活动进行自我调整。高中生的意志力增强，在观察中他们会排除各种干扰，观察的持久性得到明显的发展，观察的精确性也不断提高。高中生的抽象逻辑思维日渐增强，言语表达能力也得到了一定的发展，观察的概括性和深刻性明显提高，已经能够准确表述自己所发现的问题，概括自己所观察到的数学问题的本质和规律。

感知是学生获取数学知识、系统掌握数学知识的源头，教师在教学中要注重学生观察力的培养和训练，深挖教材内容，多为学生创造观察的机会和条件，丰富教学内容，创新教学形式，培养学生观察的兴趣，提高学生观察的自觉性，指导学生观察的方法，让观察成为学生的一种学习习惯，促进学生思维、语言和观察能力的协同发展。

（2）记忆

数学中的记忆不单指积累、保存数学知识，也包括对脑海中的数学信息进行有效提取的过程。高中数学中的记忆不是"死记硬背"，而是在理解的基础上对数学知识进行加工和识记，只有通过记忆才能将所学的数学知识进行积累、汇总，并根据知识间的内部联系建立起完善的、稳定的知识网络，从而系统地掌握数学知识，构建完整的认知结构。

高中生的认知能力已经趋于成人，从记忆目的看，高中生的有意记忆占主导地位，他们已经可以自觉地、独立地从众多数学信息中筛选出需要识记的任务，并可以自己选择相应的识记方法，自我检查识记效果，总结经验教训，不断提高自己的记忆水平。无意识记忆也是高中生数学学习中必不可少的，很多的数学知识都是在无意识的情况下，在轻松、愉快的氛围中获取的。从记忆方法看，理解记忆为高中生的主要记忆方法，随着思维的不断成熟和语言能力的发展，高中生对数学知识的记忆主要是借助思维的力量，在理解数学知识的本质和意义的基础上去记忆，而不是"死记硬背""强制灌输"。从记忆水平看，高中生的记忆以抽象记忆为主，主要原因在于高中数学的学习需要掌握大量的数学概念、定理和公式，学生的抽象记忆也随之发展了起来。

记忆是学生掌握数学知识的重要途径和方法,教师在教学的过程中可以制订中短期的记忆任务,增强学生记忆的目的性,培养学生记忆的自觉性和积极性。教师要充分利用无意识记忆的规律,将所要记忆的数学知识安排在丰富多彩的课堂教学活动中,让学生在活动的参与过程中,实现对知识的记忆。对于抽象难记的数学知识,教师要想方设法赋予其意义,让学生在理解的基础上进行记忆。教师还要及时、经常地组织复习,对学过的知识进行进一步加工和排列,使所学的知识呈现条理化和系统化,形成知识网络。

(3) 想象

想象是指学生根据头脑中已有的数学表象,经过思维加工改造,形成新的数学形象的心理过程。爱因斯坦曾经说过:"想象力比知识更重要,因为知识是有限的,而想象可以包罗整个宇宙。"想象是知识进化的源泉,所以,想象是非常重要的。想象是学好数学知识的重要心理活动,通过想象可以将抽象的数学知识和数学问题形象化、具体化,增强数学知识和数学问题的可理解性,使学生可以更加轻松、系统地掌握数学知识。

在高中阶段,学生的想象力迅速发展,特别是创造性想象日益突出,进行发明创造的学生越来越多,很多已经在创造方面显露才华,并且开始树立远大的理想。同时随着数学抽象、逻辑推理等数学核心素养的发展,学生的想象开始逐步摆脱虚构性和具体性,变得抽象、概括和现实,有利于数学知识的掌握和系统化认知结构的构建。

想象的认知活动有利于学生创造性思维的形成和创新能力的提高。教师在教学的过程中要保护好学生的好奇心和想象力,对学生的想象进行正确的引导,在课堂教学和生活中不断丰富学生的想象储备,为学生的想象做好准备,强化对学生的联想训练,让学生学会知识的迁移,构建完善的知识脉络和认知结构,提高数学学习的系统化。

(4) 思维

学生的思维认知是通过学习过程和解决问题的过程间接表现出来的。数学思维主要表现在思维的敏捷性、深刻性、独创性、概括性、灵活性、广阔性以及批判性。在高中数学中常用的思维认知方法主要有分析与综合、比较、抽象与概括。按思维过程可以将学生的数学思维认知分为直觉动作思维、具体形象思维、抽象逻辑思维、常规思维和创造性思维。具备了数学思维，就掌握了数学学习的钥匙。拥有数学思维的人，在遇到问题时，会自觉、主动地概括提炼问题，将现实问题转化为数学语言，抓住问题的本质，从多方面开辟思维突破点，从已知因素中去探索隐藏条件，能够根据条件的变化改变思考方向，在思维上摆脱思维定式，打破思维的僵化，从而激发出创造性的火花，对数学知识和数学问题产生新的理解、更深刻的认识，并且在问题得到有效解决后，还会主动去检验问题是否得到真正的解决，反思学习和解决过程中出现的错误和矛盾，从而不断优化自己的知识结构，加深对知识的掌握，建立正确科学的认知结构。

高中生的数学思维以抽象逻辑思维为主，并向理论型抽象逻辑思维发展，辩证思维基本形成，并趋于稳定。为了促进学生认知结构的形成和完善，教师在教学中要注重培养学生思维的深刻性，教师在教学的过程中要有意识地培养学生对数学问题的概括、归类能力，特别是在概念与原理的教学中，教师要为学生提供具体生动的感性材料，帮助学生进行概念的理解和掌握，同时挖掘和利用学生生活中已有的感性经验，深化学生对数学知识的理解和掌握。教师还可以利用数学游戏或一题多解的教学方式来锻炼学生思维的敏捷性和灵活性，提高学生的思维品质和思维能力，使学生的思维认知能力结构日趋完善。

2. 高中生数学认知现状

扎实的数学基础是发展学生数学核心素养的必要条件，也是提高学生数学技能和数学应用能力的关键。但从目前的教学来看，很多学生对数学基础知识掌握不牢固，在学习过程中对一些数学定理和数学概念的发现和发展过程缺乏深刻的理解和深入的探索，部分学生对其理解主要停留在表象的概括水平上，难以脱离具体表象形成抽象的数学概念，因此，学生无法抓住数学知识的本质，也无法深刻地体会到数学知识之间的相互联系，在学习过程中，经常把各个知识点作为单独的个体来学习，无法从整体上系统地掌握数学知识，难以构建系统完整的数学知识体系，很容易出现"一学就会，一用就忘"的现象。比如，在日常的学习中，有很多学生对基本概念和定理模糊不清，不能用数学语言再现概念、公式和定理，对概念体系的掌握依赖于课本，脱离了课本，就不能准确说明概念的体系，概念和概念之间也联系不起来，在解题时难以进行全面思考，解题过程也缺乏逻辑性。

学生在解决数学问题的过程中，对数学问题的理解仅限于文字表面，不会主动去挖掘所研究问题中的隐含条件，对已知的条件也抓不住重点，在数学认知上缺乏科学合理的方法和技巧，进而影响学生的数学应用能力。比如，很多学生在解决问题的过程中，如果没有教师的引导，就不会主动地找出问题的重点和难点，抓不住解决问题的关键，也不会主动地提出问题，运用所学的知识解决问题。

高中生经历了漫长的数学学习过程，已经具备了相当丰富的数学经验，甚至已经形成了一套固定的分析解决问题的推理方式和方法，变成了学生头脑中的思维定式，因此，很多学生在学习数学知识、解决数学问题的过程中，对自己的某些想法或做法深信不疑，使其很难放弃一些原有的解题经验，导致学生思维陷入僵化状态，不能根据实际问题而做出灵活的反应，难以在实际应用中做到具体问题具体分析。比如，很多学生在做题的过程中，不能正确灵活地运用定理和公式，而是生搬硬套，不能对数学问题做出正确的判断。

在数学学习中，系统、扎实的数学知识是学生认知结构形成的前提和基础，而系统、完善的数学认知结构是学生学习数学知识、应用数学知识的强大推动力，它调节和控制着学生的学习、记忆、思维等内部活动，对培养学生的数学实践能力有着非常重要的作用。下面笔者将以学生的数学概念认知和数学空间图形认知为例，对学生的数学认知结构进行具体论述，对学生的认知结构进行细致的分析和把握。

(1)数学概念的认知

数学学习一般都是从学习数学概念开始的，学生的认知能力也是在最基础的概念认知上不断延伸、拓展的。在以往的数学教学中，特别是在应试教育背景下，由于在考试中很少对数学概念进行直接考查，所以，很多教师和学生认为对数学概念的指导和深入阐释是在浪费课堂时间，导致数学概念教学不被重视，学生对数学基础知识的掌握不够扎实和牢固，很多学生存在数学概念认知障碍，主要表现为数学概念感知障碍、数学概念理解障碍、数学概念应用障碍。

①高中生数学概念认知障碍的表现

人们对数学概念的认知必须经过对经验材料和已有数学材料的感知来激活大脑中已有的认知结构，使之对新结构发生作用，形成感性认识。简而言之，对数学概念的认知就是通过感知过程将数学物象内化为内部语言或数学表象，而内化的基本条件就是学生对数学语言的感知水平，所以说，学生的数学语言能力决定了学生对数学概念的认知结构。数学语言具有较强的抽象性，其语言进行和学生所熟悉的自然语言有很大的区别，当一个词汇或概念在数学语言中表达的意义与自然语言中表达的语意不同时，学生就必须重新构建其数学意义，这就很容易给学生带来困惑，使学生对数学语言的识别造成障碍，使很多学生在数学概念的学习中不能准确识别数学语言的基本属性及其所表示的数学对象，也不能准确识别数学符号的暗示功能。比如，在高中数学几何的学习中，我们经常提到数学语言"或"，它与我们日常语言中的"或"是同一个字，但意义却大不相同，数学语言中的"或"是指两者同时发生，而生活语言中的"或"是指两者中发生一个，且只发生一个的情况，这就很容易给学生的学习带来困扰。数学概念一般是以定义的形式，运用最为简洁和准确的语言给出，有的是纯文字叙述，有的是运用数学符号语言给出，还有的二者兼具。对数学概念的认知就是对被定义概念的理解，其关键就是对数学语言的理解，而在现实的学习过程中，很多学生在数学语言理解上存在着困难，不能准确理解数学词语、不能理解各个数学词语所表述的信息模块、不能准确把握各个数学信息模块的关系，导致学生对数学概念难以有准确、全面的理解和掌握。还有些学生在图像语言、符号语言和文字语言的相互转换上存在一定的问题，比如，很多学生在函数概念学习时，经常将函数图像和函数关系式孤立对待，在数形之间不会进行有效的联系和灵活的转换，对函数概念、性质、图形的学习依靠死记硬背，无法形成系统的知识体系，对数学概念也无法建立完整的认知结构。

对数学概念的掌握需要建立在理解的基础上，但在现实教学中，很多学生在数学概念的理解上存在障碍。有些学生对数学概念的本质属性模糊不清，对同一概念的不同表达方式缺乏全面、系统的理解。对数学概念的认知不仅要记住数学概念的定义，还要认识它的符号表达方式，最重要的是要抓住数学概念的本质。比如，对于高中函数定义的理解，有的学生认为"有完整数学解析表达式的才能称作函数",有的学生认为"函数是数集到数集上的映射",这些理解都是片面的,没有抓住函数概念的本质,"数集到数集上的对应关系、随处定义和单值定义"才是函数的本质属性。还有些学生对邻近的数学概念辨别不清,不能及时、有效地将新知识整合到原有的知识结构中,无法形成完善的认知结构。比如,函数与方程、不等式、代数式等概念之间具有非常紧密的联系,然而在具体的学习过程中,学生很少主动地将其联系起来,而是将它们当作单独的概念去学习,割裂了知识点间的联系,学生无法掌握系统的数学知识,也无法形成系统的数学认知结构。

  数学概念的应用是数学概念认知的高级阶段,应用是认知的目的,也只有应用才能促进数学知识的理解和巩固。能否灵活地应用概念是评价学生认知能力的重要标准。在平常的教学中,很多学生在利用数学概念解决数学问题时,经常习惯于从某一个数学概念某一种表达形式去思考问题、解决问题,意识不到相关数学概念对问题解决的帮助,无法形成概念的网络结构,对同一概念的不同表达形式也不会灵活的转换和应用,解题思维具有很强的局限性,对知识难以进行系统的复习和巩固。还有很多学生在应用数学概念的过程中,对数学概念所蕴含的数学思想和数学方法不理解,学生在解决问题时只是从表面或个别的事例来考虑,无法应用这些数学思想和数学方法去解决新情境中的问题。所以,在概念应用中一旦扩大其学习范围,学生在知识迁移的过程中就会遇到困难,其根源就在于数学知识掌握缺乏系统性,数学认知结构不完善。

  ②影响高中生概念认知的原因

  为了对高中生的认知情况进行归因分析,笔者通过从自己所教班级中抽取了100名学生作为研究对象,这些学生的学习层次各不相同,但各个层次的人数分布是均匀的。笔者通过对这些学生开展一项简单的调查,对学生数学概念学习的习惯和现状进行了调查了解,通过对调查结果的筛选,笔者选取了以下几项具有代表性的调查内容,并将统计结果用表格的形式呈现出来,如表3-8所示。

表3-8 高中生数学概念学习习惯和现状的调查统计

| 序号 | 选项 | 人数 | 比例 |
| --- | --- | --- | --- |
| 1 | 在概念学习中注意力不集中 | 40 | 40% |
| 2 | 对数学概念理解模糊 | 42 | 42% |
| 3 | 数学符号、数学语言太抽象，概念理解困难 | 34 | 34% |
| 4 | 很难用自己的语言来解释或概括数学概念的本质 | 32 | 32% |
| 5 | 很少考虑数学概念之间的联系和新旧知识间的联系 | 37 | 37% |
| 6 | 数学概念多而复杂，缺少有效的记忆方法 | 52 | 52% |

从表中可以看出，学生选择1、2、5、6项的人数较多，其次为3、4项，而1、2、5、6项集中反映的是学生的学习习惯和学习方法，3、4项体现的是学生的认知结构、数学语言能力和抽象概括能力，因此可以得出，影响学生概念认知的主要因素有学习习惯、学习方法、认知结构、数学语言、抽象概括能力。

高中生在数学概念认知的过程中，"很少考虑数学概念之间的联系和新旧知识间的联系"成为超过三分之一的学生的学习习惯，表明学生在概念认知时孤立地看待每一个数学概念，而不考虑其与其他数学概念的联系，在领悟数学概念的过程中不能借助外界的力量，增加了学生概念认识的难度，也割裂了数学知识的系统性。

在调查中，有超过半数的学生对数学概念认知缺少有效的记忆方法，导致很多学生对数学概念记忆困难，很多的数学概念都记不住或记忆不准确，很多学生在概念记忆中都表现出"记得快、忘得快"，不能将数学概念形成长久的记忆。笔者通过对这些学生的了解，发现他们的记忆大多为机械的记忆，过多依赖于"死记硬背"，不善于借助图形、图像来辅助记忆，也不善于对概念进行分析和概括，对数学概念的记忆是建立在"强行记忆"的基础上的，而不是靠对数学概念的理解，导致学生对数学知识掌握不牢固，甚至会形成错误记忆，影响学生正确认知结构的形成。

在调查中，有超过四分之一的学生课上注意力不集中，对数学概念理解模糊，出现这种情况的主要原因就在于学生缺少正确的数学认知结构，一般来说，数学概念是数学学习中的最基本内容，相对于其他内容来说应该是属于简单范畴的，但很多学生由于脑海中缺少系统完善的数学知识网络、缺少扎实的数学基础，因而在课堂学习中会经常遇到困难，甚至出现知识的卡顿，数学思维难以顺利地向前进行，无法全面理解数学概念的形成过程，造成学生出现认知困难。

掌握和理解各种各样的数学语言是学好高中数学的必要条件，而数学语言则是学生数学学习中的薄弱环节，很多学生对数学符号不敏感，在数学学习中弄错数学语言、看不懂数学语言、不会运用数学语言的情况比比皆是。在调查中，有超过三分之一的学生认为数学语言太抽象而对数学概念理解困难，抽象性是数学概念的本质特征，但一切抽象的东西通过一定的转化后都可以由抽象变具体，学生之所以认为数学概念太抽象，难以理解，其主要原因就在于学生缺乏系统的数学语言知识，无法将抽象的数学语言转化为直观、形象、易于理解的自然语言，导致学生对数学概念理解困难。

数学知识具有很强的灵活性，对数学知识的学习不能局限于课本的文字，还应在课本内容的基础上对数学知识有自己的理解和见地，这就需要学生具备较强的数学抽象概括能力，只有这样学生才能将新的知识内容进行科学合理的改造，使其适应自己已有的认知结构，也可以对自己原有的认知结构进行完善，以满足新知识学习的需要。一般来说，抽象概括能力越强，学生对数学知识掌握的系统化程度越高，学生的数学认知结构越完整，对学生的数学学习越有利。统计结果显示有超过三分之一的学生"很难用自己的语言来解释或概括数学概念的本质"，这说明抽象概括能力已经成为影响学生概念认知和数学认知的重要因素。学生如果抽象概括能力不强，对数学知识的记忆和存储就会凌乱，甚至会把知识快速的遗忘，无法形成系统的知识网络和完善的认知结构。

③针对高中生数学概念认知现状的教学建议

首先，教师要帮助学生提高数学语言能力。教师在教学的过程中可以创设教学情境，引导学生在特定的情境中用数学语言进行交流，培养学生运用数学语言的意识和能力；在概念教学时，教师要注重数学专业用语、数学符号、数学图形的讲述，将数学语言翻译成学生习惯的日常语言，促进学生的理解和记忆，教师还要引导学生复述数学概念，让学生准确掌握数学概念的表达方式，增强学生对数学语言的理解和运用。

其次，教师可以开展变式教学，运用所学知识和已有经验，建立起知识间的联系，运用不同的形式和语言来呈现数学概念，突出数学概念的本质，使学生更好地理解和掌握数学概念。教师在教学过程中要有意识地对同类概念、相近概念进行比较，对同一概念的不同表达方式进行比较，使学生理解、把握概念之间的内在联系，提高学生的抽象概括能力，使学生掌握的数学知识更加系统化。

最后，教师要坚持整体性教学的原则，将新知识的学习纳入学生的原有认知结构中，建立新旧知识间的联系，形成层次分明、联系紧密的知识结构网络，同时，还要突出数学思想方法教学，帮助学生建立正确的数学认知观念。

(2)空间图形的认知

空间认知能力是学生智能的基本组成要素，主要是指人们对客观事物的空间形式进行观察、分析和抽象思考的能力。高中数学中的空间图形认知能力主要是指人们在头脑中对空间图形进行识别、分析、表征、分解、组合、抽象与概括的能力，主要包括心理旋转、心理折叠、心理展开等认知活动。空间图形认知能力是立体几何学习必不可少的前提条件，也是人们探索三维空间的一项重要能力，与人们的日常学习、工作和生活息息相关。新课程标准中也明确提出空间想象能力的培养、空间观念的建立比逻辑思维能力的培养还要重要。

①空间图形认知的重要性

良好的空间图形认知能力是形成优良思维模式的有力保障，它可以提高学生对其他学科知识的理解，比如，拥有了良好的空间想象能力，学生在物理学习中就会对物质的结构、物质形态等有更加直观形象的了解，在地理学习中就会提高学生的读图能力，降低学习的难度。立体几何是高中数学中的重要组成部分，对高考成绩起着决定性的作用，而空间图形的认知能力，是研究空间结构的有力保障，能够辅助学生更好地认识立体几何图形的空间构成要素以及各要素之间的关系，可以有效地提升学生的数学思维水平，全面提升学生分析问题、解决问题的能力。所以，学生对空间图形的认知能力是学好立体几何的关键，对学生的未来发展有着十分重要的意义。

②高中生空间图形认知现状和原因

在高中数学教学过程中，学生空间图形认知能力的培养与提升是数学教育学的难点也是数学学科的教学重点。学生空间图形认知能力差，就没有明确的空间观念，无法有效地运用图像来正确解读空间图形，使数学学习陷入困境，进而失去对数学学习的兴趣。所以空间图形认知对学生学习数学知识有较大的影响。在日常教学中，笔者通过对学生的观察发现，很多高中生缺乏空间思维，联想能力差，无法将两个不同的空间图形通过某种特殊的逻辑关系进行联系，缺乏拆解、组合的思维，难以实现知识的迁移，无法将已有的数学思想方法用于新图形的研究上，影响学生对数学问题中有效信息的提取和分析，进而影响学生的数学学习效率；还有很多学生观察能力差，当面对立体几何图形时，不会观察，没有掌握正确的读图方法和读图技巧，无从下手，无法从图中获取有用的信息，不能快速、精准地构建出相关的数学模型或数学图像，影响学生对空间图形的分析和解读；高中立体几何知识具有很强的逻辑性和理论性，在有限的课堂教学中教师很难将所有立体几何图形一一进行详细地讲解，大部分的立体几何问题需要学生自己独立完成，这就要求学生在学习的过程中需要具有强大的空间创造力，通过知识的迁移和积累，进行图形的加工和再创造，帮助学生更好地去解读几何图形。然而，在现实教学中，很多学生缺乏空间创造力，对空间图形的认识仅停留在图形表面，很难进行相关图形的联想，学生读图和解图的能力较差。

③提高高中生空间图形认知的教学建议

为了获得理想的课堂教学效果，就要了解学生空间图形认知的现状，找到学生认知的起点，再根据学生的实际情况制定教学策略。

在教学中教师可以借助多媒体技术来辅助教学，运用计算机绘制立体图形、演示立体图形的转换、模拟立体图形的拆解和组合等，通过直观透彻的观察，让学生深刻地理解抽象的理论知识，教师还可以利用计算机的各种功能，对教学的重难点进行突出显示，加深学生的印象，提高学生学习的积极性，从而提高学生的空间图形认知。教师在教学中要结合教学内容恰当地选用教学模型，比如，教具、学生熟悉的书本、教室的墙角、粉笔盒等，用这些唾手可得的现成的模型来辅助教学，更容易吸引学生的注意，也使问题变得更加直观，降低问题的难度。教师在教学的过程中，不能一味地依赖于课件教学，还要注重直观图的画法教学，教师要充分发挥自身的示范作用，在画图的构成中严格遵守画图法则，做出示范，使学生掌握直观图的正确画法和要领，教师也要多鼓励学生自己画图，锻炼学生的空间思维。

通过以上的分析论述可以得出，当前高中生数学认知结构的现状和原因主要表现为：一是部分学生数学认知结构不完善，缺乏系统性，数学知识分散，缺乏条理性和系统性，学生对数学知识的掌握不牢固，不能深入地辨析数学问题及其本质，找不到问题所对应的知识点，不能快速地找到解决问题的方法和切入点，不良的数学认知结构给学生的数学思维发展造成了一定的障碍；二是学生对所学的东西没有及时地整理消化，没有将所学知识条理化、系统化和模块化，在脑海中的记忆存储杂乱无章，在解决问题时缺乏记忆的准备性，不能有针对性地利用所存储的知识来解决问题；三是有些学生对单个的知识点学习比较完整，在头脑中也有一定的体系，但在解决问题时，综合分析问题的能力较差，主要原因在于学生掌握知识的整体系统结构不合理，新旧知识难以有效的衔接和转化。在众多信息中学生缺少将信息进行整合的能力，各种知识点和能力在同一个认知系统中不能建立联系或形成互补关系，从而很难找到问题的切入点。

### 3.1.3 数学思维方式和学习方法不符合要求

1. 高中生的数学思维方式不符合标准

（1）高中生数学思维方式现状

科学的数学思维方式是学生认识数学问题、分析数学问题、解决数学问题的思维方法，也是学生认识现实、改造现实的思想活动，它引导着学生的思维和行为方向，对高中生的健康成长有着非常重要的意义。但当前很多高中生缺乏科学的数学思维方式，主要表现在以下几个方面。

第一，很多高中生的思维方式缺乏主体性。受传统教育观念和教学模式的影响，很多学生在长期的课堂学习中形成了依赖的思维方式，当面对数学问题时，过分依赖课本和教师给予的答案，缺乏主动思考的意识，没有独立解决问题的能力，盲从于现成的结论，创新意识和批判意识不强，在学习过程中经常是人云亦云，缺乏主见，对别人的意见很容易就相信。特别是在当前，很多高中生沉迷于网络，各种网络信息也对学生的思维方式产生了很大的影响，很多高中生在学习中遇到困难时，首先想到的不是通过自己的努力去寻找突破困难的方法，而是借助于网络搜索去寻找解决的方法，对网络具有很强的依赖性。

第二，高中生的数学思维方式具有片面性。在实际教学中，很多学生在看待数学问题时，大多只看问题的表面，对数学问题的思考也仅限于表面层次，不够深入和全面，不能多层次、多角度地去全面的认识问题、分析问题、探寻问题解决的途径，思路狭窄，在思维方式上具有很强的片面性，缺乏科学的视角，因而，很难抓住数学问题的本质。再加上高中生的自我意识较强，思维方式很容易被其他因素所影响，导致思想偏激，不能辩证地看待数学问题，甚至还会产生错误的思维方式，影响、阻碍对数学问题的判断和解决。

第三，高中生的思维方式呈现无序性。高中生的数学思维还处于发展阶段，还没有形成独立的认知结构，在学习和解决问题的过程中，经常会出现颠三倒四的思维混乱现象，思维方式呈现出无序性。到高中阶段，学生已经具备了一定的数学知识积累量，高中数学的知识量大、数学知识的应用也更灵活，但在实际的学习中，学生很少能够做到举一反三、触类旁通，数学知识储备得不到有效的利用，面对数学问题时，找不到对应的数学知识点，即使找到对应的数学知识点，也找不到合适的方法来解决，学生的数学思维处在杂乱无序的状态。当前我们正处于知识信息时代，学生获取数学知识的途径不再局限于课堂，还可以从网络、线上教学等课外途径来获取和掌握数学知识，和传统的课堂教学相比，这些方式更受高中生的青睐，已经成为高中生数学学习中不可缺少的因素，给高中生的数学学习带来了很多便利，但是很多高中生却不懂得有序地处理自身所学到的数学知识，课外学习和课内学习无法实现有效的衔接，使课上和课下所学的知识相混淆，造成学生数学思维混乱，在学习中缺乏清晰的思维逻辑。

（2）影响高中生思维方式的因素

高中生在解决数学问题的过程中，一般可以分为认知、联想、分析、表述四个阶段，而学生数学思维方式不当主要表现在前三个阶段中，第四个阶段表述是最终的结论，也是教师最终看到的结果。为了更好地把握学生的数学思维，教师要洞察数学问题的表述结果，从中分析、找出制约学生思维方式的问题，准确地把握学生的思维水平，有的放矢地加强学生的思维训练，提高学生的数学核心素养。为了更好地开展课堂教学，下面笔者结合多年的教学实践，在认真分析学生解题信息的基础上，对影响高中生思维方式的因素进行剖析。

①思维的严密性

严谨性是数学学科的重要特征之一，很多数学知识和数学问题在表述时都是尽量用最少的语言来表述尽可能多的数学信息，或是为了突出数学知识的使用性会将数学问题融于现实的生活问题中，将数学问题隐藏于大量的文字表述中，为了获取有用的、有价值的数学信息，就需要学生在学习和审题的过程中要有缜密的思维。但在现实中，很多学生的数学思维不严密，在对数学问题的认知过程中，经常会忽略掉题目中的隐含条件，导致学生对所涉及的数学知识点不明确，造成学生思维模糊，分析不全面，顾此失彼，产生以偏概全的思维错误。

②思维的层次性

学生在面对数学问题时，容易被题目中零散的、次要的、甚至是无用的信息所纠缠和困扰，难以在众多的数学信息中筛选、提取出关键的信息，揭示数学问题的本质，使数学思维逼近数学问题的核心。在现实中，笔者通过对学生数学表述结果的评价发现，很多学生的数学思维都是处于离散、跳跃、混乱的状态，当面对数学问题时，会一股脑地涌上来很多思路，难以进行辨别和取舍，影响问题解决的有效性。科学的数学思维方式，应当是将数学问题的细节具体化、层次化、条理化和清晰化，只有这样才能突破问题解决过程中的所有障碍，才会避免学习的盲目性，产出高效的学习方式。

③思维的准确性

数学思维是否准确直接关系到学生对数学知识的理解和解决数学问题的方向。在日常的学习中，有相当一部分的学生对题目中数学信息的价值识别不清，对数学信息的内化处理能力有待提高，在联想和分析数学问题的过程中，经常把无用的信息当成有用的信息来对待，用相似或相近的数学信息来干扰正确数学信息的获取，数学思维方式缺乏准确性，不能排除无用信息的干扰，使学生的数学学习事倍功半，浪费了时间，却没有收到良好的学习效果。

④思维的方向性

高中数学的学习离不开联想，学生在学习数学时的思考、分析、形成思路的过程，就是学生的联想过程。高中生在解决数学问题时经常需要联想已经解决过的相似的题目，联想相关的概念、定理、公式及相应的数学思想方法，只有通过科学、合理的联想，学生才会有正确的思维方向，学生的思维方向是否正确，直接影响学生的解题思路和对数学知识的正确认知。在实际学习中，学生联想偏离，导致学生思维方式背离实际解题方向的情况经常发生，严重影响了学生对数学知识的掌握，也影响了学生解题的正确性，致使课堂教学效果不尽人意。

⑤思维的创造性

在新的时代背景下，社会发展需要创新型的人才，所以，学生创造性思维的培养尤为重要。高中生的思维受传统应试教育思想的影响，还存在一定的局限性，自觉地运用科学的思维方式解决实际问题的能力还远远不够。很多学生在解决数学问题的时候受思维定式的影响，会机械地重复旧知识、旧经验，不管是从理论上，还是实践上都缺乏创造性，因循守旧，没有创造性的思维方式，缺乏创新精神，无法将学到的知识和已积累的经验转化为自己的数学智慧，在面对新的数学问题时，无从应对，使学生的思维受阻。

⑥思维的开放性

在高中数学中，很多数学问题和数学知识都是灵活多变的，为了更好地应对各种数学问题和数学知识的挑战，高中生需要具备开放的思维模式，用灵活的思维方式去应对灵活多变的题目。当面对较为复杂或综合性较强的数学知识和数学问题时，就需要学生发散思维，转变机械的思维方式，从多角度、多方面去思考、分析数学问题，揭示数学问题中的复杂关系，抓住问题的本质，使问题得到有效的解决。但在实际学习中，很多思维方式和思维能力较差的学生习惯于从自己惯用的思维角度出发，用单一的思维方式来分析问题，用单一的思维路径来解决问题，在解题方案的选取上往往不是最优的，影响学生数学应用能力的发展。

(3)基于高中生思维方式的教学建议

在核心素养视域下，培养高中生的数学核心素养要着眼于引导学生的数学思维方式，站在学生主动发展的高度，科学地设计数学思维活动，以数学核心概念为焦点，引导学生用数学眼光、数学思维和数学语言去学数学、用数学。教师在课堂教学中要关注学生的思维过程、思维广度和思维深度，让数学核心素养的各项要求落地，促进每个学生的发展。

在具体教学过程中，教师可以开展情境化教学，通过教学情境的创设，对教学内容进行加工、处理，进行有效的重组和整合，搭建学生数学思维的"脚手架"。在教学中，教师可以根据教学内容，利用实验创设情境，增强教学内容的吸引力，唤起学生的参与热情；教师还可以利用最先进的数学科研成果来创设情境，激发学生对数学学科的热爱，增强学生的创新意识；教师还可以联系生活实际，创设生活化的教学情境，增强学生的数学应用意识；教师还可以利用学生的认知矛盾创设问题情境，激活学生的数学思维；教师还可以利用数学史来创设情境，让学生了解数学知识的产生和发展过程，通过读文章、讲故事来增强学生的探究欲望。课堂教学的情境化，可以帮助学生认清数学问题的本质，将繁杂的数学问题变得具体、清晰和简约，有助于培养学生的抽象概括思维。

人们常说"问题是数学的心脏，没有问题就没有思维，没有思维，就谈不上核心素养"。由此可见，问题是数学核心素养的萌芽。教师在教学的过程中要立足于高中生思维的最近发展区，设计具有一定挑战性的数学问题，促进学生数学思维的发展。教师在教学时要设计一系列环环相扣的数学探究问题，并通过设问、反问、追问等问题组织形式，引导学生进行一系列的思维活动，对数学知识和数学问题进行深度探究，激发学生的求知欲，培养学生科学、理性的数学思维。

想象是高中数学学习过程中必不可少的环节，直观想象是数学核心素养的重要内容。教师在教学时要善于利用直观材料，帮助高中生理解和解决数学问题。高中数学不单是抽象的概括，很多数学结论都是从几何直观上发现的，在教学中，很多数学概念也可以借助于几何直观进行解释和阐述，以更好地反映数学知识的特征。在教学中，教师要善于借助实物、图片、视频、模型等直观素材资源，将抽象的数学知识和数学问题变得生动、直观，增强学生对数学知识的记忆，同时也可以培养学生利用直观素材解决数学问题的思维方式，使高中生养成借助直观图形进行数学知识理解和数学问题推理、论证的思维习惯。

教师在教学的过程中还要培养学生的批判思维，鼓励学生敢于质疑，帮助学生突破头脑中的思维定式。教师要引导学生以批判化的思维方式检查自己的思维过程是否符合基本的数学逻辑，让学生摆脱对教师和课本的盲从，促进学生新思维的产生，教师还要善于捕捉学生学习中的灵感，鼓励学生大胆猜想，提高学生的探究思维；教师还要引导学生自我反思，让学生自己查找出错误的根源、寻找学习的不足，让错误成为学生思维发展的动力；教师还要注重课堂提问的设置，通过具有层级性问题的设置，引导学生的思维向更深层次发展，使学生摆脱一味模仿的认知倾向。

教师要善于运用信息技术，优化学生的思维脉络。如今，信息技术已经成为高中数学教学的主要手段，其以独特的优势推动了数学教学的纵深发展，也推动了学生的思维发展。在教学中，教师可以引入微课教学，在预习阶段，让学生按照微课中的思维导图进行有针对性的预习，提高预习的效率。在课堂教学中，将学生的易错点和考试考点制作成微课视频，使教学内容和教学思路更清晰，增强课堂教学内容的吸引力，提高学生的参与度，使高中生的思维脉络得到有效的发展。教师还可以运用电子白板辅助教学，通过放大、缩小、幕布、标注等功能，对重要教学内容进行突出显示，加深学生对数学知识的理解和记忆。在条件允许的情况下，教师也可以让学生自主操作电子白板，让学生更真实地感受先进科技的力量，增强学生学习的信心，同时，学生亲自动手操作可以提高课堂教学的趣味性，加深数学知识在学生脑海中的印象，有助于培养学生的创新思维。在日常教学中，教师要善于运用网络搜集数学资源，将数学资源进行加工和整合，使其符合学生的学习规律，更好地为学生服务。教师也要鼓励学生科学、合理地运用网络去查找数学资料、进行线上学习等，提高学生思维的广度和深度。

2.高中生的学习方法不符合要求

高中生数学学习方法的正确与否，决定着高中生的数学学习成绩，同时也决定着高中生数学核心素养的发展方向。所以，教师要提高对学生学习方法的重视，帮助学生纠正一些学习方法上的错误，使其更好地进行数学学习，获得数学学习的捷径。

(1)高中生数学学习方法现状

从目前的教学实际来看，数学成绩较好的学生往往具有一套适合自己的、较为科学合理的学习方法，数学学习成绩较差的学生一般缺少正确、科学的学习方法，自己本身所运用的数学方法存在着诸多问题，影响了学生的学习效率。总之，无论是学习成绩好的学生，还是学习成绩差的学生，在学习方法上都存在着一定的问题，限制了学生数学思维和数学能力的发展，影响了高中生数学核心素养的养成。结合多年教学经验，笔者认为高中生数学学习方法上存在的问题主要集中在以下几个方面。

①学习被动，不愿意动脑

高中数学的抽象性和难度性都比较高，对学生的数学思维要求也比较高，需要学生积极主动地去思考所遇到的数学问题。但在现实学习中，很多学生缺乏积极主动的学习方法，学习比较被动，遇到数学问题，不愿意也不会积极地动脑思考。学生在课堂学习中，机械地听课、学习，教师讲什么，学生就记什么，不会主动思考、大胆质疑，缺乏自我学习意识，不能积极主动地和教师和同学进行交流，对所学知识也不能进行及时的消化和吸收，从而导致学习效率低下。此外，还有很多学生对教师的依赖性太强，每当遇到不会的数学问题，不是积极主动的自己思考，而是把问题留下来，等待教师的讲解，总是将希望寄托于教师身上，不会自己动手动脑筋去主动的探究，导致学生学习效率低下，在数学学习的过程中困难重重。

②缺乏学习反思，忽视错题

在高中数学学习的道路上。出错是在所难免的，其实出错并不可怕，忽视错误才是最可怕的，从错题当中学生可以获得更多的学习经验和学习教训，对错题的及时反思，可以让学生及时的查缺补漏，对薄弱的知识点进行复习巩固，有助于学生扎实数学基础，完善知识网络。在实际学习过程中，有很多学生把大量的精力放在做题上，在做题时，对于熟悉的题型和做对的题型给予过多的关注，对错题无视，题目做错了就放在一边，对做错的题目无动于衷，缺乏及时的反思。在高中阶段，数学的学习需要做大量的习题，做习题的目的就是让学生消除数学学习的知识盲点，而在很多时候数学知识的盲点是以错题的形式体现出来的，如果学生对错题无视，不对错题进行及时的反思，就无法从错题中吸取教训，查缺补漏，弥补学习的不足，也失去了做题的意义，做再多的题也是白费功夫。

③学习"眼高手低"，忽视基础

在高中数学的学习过程中，很多学生都有这样一个坏毛病，在课后学习中忽视对课本习题和课本知识的复习巩固，反而会眼高手低地去寻找一些质量参差不齐的课外辅导资料，将大量的时间花费在课外资料的习题上，忽略了课本基础习题的练习。实际上，课本习题和课本内容是配套出现的，呈现明显的对应关系，在难度上更加贴近学生的认知，也更加符合考试的要求，在内容上也更加具有针对性，是学生巩固数学知识的重要途径，对学生数学学习具有很大的帮助。而课外学习资料质量良莠不齐，很多问题和课本教材不配套，问题难度也是参差不齐，课外资料上的很多数学问题不是难度太高，就是缺乏针对性，很容易使学生的学习受挫，影响学生数学能力的发展。还有些学生习惯于在课堂上看教师板演、听教师讲课，没有"不动笔墨不读书"的学习习惯，感觉自己听明白、看明白了，可当自己做题时却眼高手低，无从下手。

(2) 基于高中生学习方法的教学建议

①总结归纳学习方法

高中生在学习数学时，教师要明晰教学思路，帮助学生明确自己的学习目标，制定短期、中期、长期的学习计划，不断总结归纳学习方法，形成一套适合自己的科学、系统的学习方法。还要引导学生掌握正确的听讲方法，让学生学会把握数学教学的重难点，遇到不懂的问题要及时向教师请教，养成今日事今日毕的良好学习习惯。教师还要引导学生学会做课堂笔记，将教学中对数学问题理解的不同侧面和数学规律记录下来，将教师拓展的课外知识记录下来，把学习中自己觉得有价值的思想方法或例题记录下来，同时也把学习中遇到的问题记录下来，方便学生在日后的学习中进行回顾和复习。

②定期进行学习反思

高中数学知识具有很强的综合性，数学知识间有着紧密的联系，为了保障高中数学学习的连贯性和系统性，高中生应该定期进行学习反思，对一段时间内的数学学习进行分析和总结，掌握数学知识间的联系，完善自己的知识体系，同时还要对自己最近的学习状态进行总结和评价，找出自己学习中出现的问题，从而进行及时的整改。高中生还要对自己做过的数学题进行定期的反思，总结其中所蕴含的数学知识和数学思想方法，提高数学学习的系统性，构建起自己的数学学习网络。

③合理利用学习资料

当前高中数学练习资料的差别很大，有一些粗制滥造的练习材料不仅对高中生学习数学没有作用，还会影响高中生的学习效率，对高中生的学习思路造成困扰。所以，在选择数学练习题时，教师要给予学生必要的指导和推荐，帮助学生挑选合适的练习题，充分地巩固所学知识，比如，可以为学生选择一些口碑较好，与教材同步的材料，这些材料既有基础知识的讲解，又有经典例题诠释和方法规律的总结，对提升学生数学能力能够发挥重要的作用。在习题的选择上，教师要坚持因材施教的原则，为不同学习水平的学生选择、推荐不同难度的学习资料，比如，对于数学尖子生，应该选择一些具有拓展性和开放性的学习资料；对于数学后进生，应该选择一些具有基础性的学习资料，这样所有学生的数学思维和数学能力都能有所进步。

④培养自主学习习惯

很多高中生在学习数学时对教师具有依赖心理，遇到不懂的问题不善于自主思考，总是想着问同学或者教师，这样不仅使学生的学习自信受到打击，也使学生的探究能力逐步下降，对于学生今后的发展会造成阻碍。所以，学生必须要积极主动地配合教师，养成自主学习的好习惯。教师要引导学生合理规划自己的学习任务，制订适合自己的学习目标，选择适合自己的学习方法，将课堂权力下放给学生，给予学生更大的空间和自由，让学生释放自己的个性，培养学生的自主学习习惯。同时还要引导学生合理地规划学习时间，做到劳逸结合，使学生的思维达到最佳的状态，提高学习效率。

⑤建立错题本

错误是正确的先导，学生犯错的过程就是尝试和创新的过程。所以，错题是高中数学学习的宝贵财富，从错题中可以获得更多的学习经验和教训。教师要鼓励学生自建错题本，培养学生良好的学习态度和习惯，指导学生学会归纳、分析和梳理，抓住问题的关键，通过错题本解决学生知识零散和知识疏漏等问题，通过日复一日的不断积累，学生就会发现规律，掌握正确的学习方法。在利用错题本的过程中，教师要指导学生将错题进行全面分类，可以按内容分，使知识系统化；也可以按题型分，化繁为简，使学习目标更明确；还可以按照错因分，使学生可以触类旁通，达到举一反三的学习效果。

学生良好的学习方法的形成并不是一朝一夕的事，教师要用生动的课堂教学内容和教学手段来吸引学生，用和蔼可亲的话语鼓励学生，用真心和诚意来温暖学生，创设一个轻松、和谐的学习氛围，让学生愿意学、乐于学，在学习过程中逐渐形成一套适合自己的学习方法。

## 3.2 影响高中生数学核心素养的原因分析

### 3.2.1 家庭文化角度

中华民族有着五千年的悠久历史，在滚滚历史长河中，许多美好的品德经过世代相传，延续至今，演变出优良的家庭文化。在高中生的学习过程中，家庭文化起着至关重要的作用，特别是在核心素养视域下，家庭是高中生数学核心素养形成和发展的重要场所，家庭文化对于高中生数学核心素养的养成具有不可或缺的作用。良好的家庭文化可以促进高中生数学核心素养的发展，同时也可以促进中华民族优秀传统文化的继承和弘扬。

在核心素养视域下，家庭所能够为学生提供的文化资本的数量和质量直接影响着高中生数学核心素养的形成和发展。在家庭文化中，父母的文化水平、家庭中耐用品的拥有量、家长的教育参与度、家长的教育期望值以及家长的行为习惯等成了影响学生数学核心素养不可忽视的力量，导致不同家庭文化的学生具有不同水平的数学核心素养。

（1）影响高中生数学核心素养的家庭文化因素

①父母的文化水平

父母的文化水平对高中生数学核心素养的形成和发展有着非常重要的影响。一般来说，学历越高的家长，对待孩子的态度越温和，越注重与孩子交流和沟通的方式，可以为学生营造一个轻松、民主、和谐的家庭学习氛围；受教育程度越高的家长，越注重孩子的身心健康和全面发展，在高学历、高收入的家庭中，父母会为培养孩子投入更多的时间和精力，除了关心孩子学习以外，更加关注孩子的心理健康成长，注重培养孩子的综合素质。而那些低学历、低收入的家庭，生活压力大，缺乏足够的耐心和精力来照顾孩子，时间一长，就会与高学历、高收入家庭在孩子的学习成绩、学习能力、心理素质等方面拉开差距，使孩子们的数学核心素养呈现出不同的水平。另外，文化水平高的家长，其教育理念和教育方法比较先进和科学，特别是数学素养较高的家长，培养出来的孩子的数学核心素养水平也更高。当然，父母的文化程度只是影响学生核心素养的因素，对学生核心素养的形成和发展并不起决定作用，在现实生活中，父母文化水平不高，但孩子的数学核心素养很高的例子比比皆是。所以，父母的高文化水平有益于学生数学核心素养的培养，而父母的低文化水平也不一定会给学生数学核心素养的培养带来负面的影响。

②家庭中耐用品的拥有量

在学生数学核心素养的培养中，不仅需要依靠学校的力量，也更加需要家庭的力量，需要家庭为学生数学核心素养的发展提供必要的物质资源，比如，书籍、电脑、计算器等。家庭中耐用品拥有量的多少，影响着学生数学核心素养的深度和广度。通常情况下，家庭中藏书越多、家庭用品越先进、越丰富的学生，其视野更加开阔，学习渠道更宽，所涉猎的知识更多，更加容易体会数学学习的价值和意义，学习自信心也更强，所以，家庭为学生数学核心素养的获取提供了物质前提。

③家长的教育参与度

家长参与孩子的教育是一种权利，同时也是一种责任，一种经常被忽略的责任。在现实中，有很多家长认为，高中生在校学习就是给教师教育的，至于怎么教育那是教师的事情，和家长无关，正是这种思想造成很多家长不能很好地配合教师开展教育活动，家长在孩子教育中参与度较低，很少和其他孩子家长、教师之间进行有效的交流和沟通，家长对学生的学习情况缺乏了解，学生也感受不到家长对自己的重视，甚至会产生学习也无关紧要的想法，从而对学习产生懈怠，不利于学生数学核心素养的培养。相反，比较重视孩子学习的家长会主动地参与到孩子的教育活动中，会主动和学校、教师、其他学生和家长进行交流，对自己的孩子进行全面综合的了解，同时，这些家长也会对学生的课程内容进行熟悉，在课后通过帮助复习的方式让学生巩固课堂所学知识，提高数学学习的效果，培养学生好的学习习惯，发展学生的核心素养。

④家长的教育期望值

随着素质教育的提出和新课改的推进，当前学生的书包轻了，作业少了，衡量学生学习负担的显性压力减轻了。但是那些容易被人们所忽视的隐性压力却凸现了出来，无时无刻不在挤压着学生的心灵。面对当前社会竞争的激烈，很多家长把自己对社会压力的理解和感受，不自觉地强加到对孩子的教育中，几乎所有的家长都对自己的孩子有着美好的期望，但是有些期望值过高，超出了孩子的理解能力和心理承受能力。比如，很多家长不考虑学生的实际天赋，也不考虑学生的兴趣爱好，为了能获得较高的数学成绩，盲目地为学生报名了各种数学辅导班，忽略了学生的内心想法，很容易使学生产生抵触情绪，对学生的学习不但起不到促进作用，甚至还会产生相反的作用，使学生对数学学习失去兴趣，影响学生数学核心素养的发展。和高期望值相比，最接近学生发展区的期望值是最合理的，也是最科学的，学生经过自己的努力就可以达到家长的期望，获得家长的肯定和鼓励，会给学生的学习注入强大的动力，学生会为了父母的教育期望而付出更多的努力，学生获取数学核心素养的机会也会大大增加。

⑤家长的行为习惯

家庭是学生成长的摇篮，家庭环境氛围对学生来说是联系最紧密、最感性的生活环境。家长是学生的第一任教师，孩子在和家长的密切交往中，会模仿他们的言行举止。家长是给学生树立道德情操的榜样，学生在家长的帮助下认识周围的世界，并将从家长身上学到的语言和行为用到自己的言行中。所以说，家庭文化造就着孩子的素养，培养着他们的各种习惯。一般情况下，如果家长在日常生活中善于运用数学思维去思考问题，善于运用数学语言去描述问题，善于利用数学知识解决生活中的问题，就会给学生造成潜移默化的影响，促使学生也开始尝试着运用所学到的数学知识和数学思想方法去认识生活中的数学问题，解决生活中的数学问题。因此，家长的行为习惯对学生数学核心素养的培养具有很强的导向作用。

总之，家庭文化是家庭物质文化和家庭精神文化的总和，是在日常生活中所形成的生活方式、价值观念、伦理道德、生活行为习惯等，家庭文化影响着家庭成员在社会生活、学习和工作中的态度和行为。好的家庭文化会

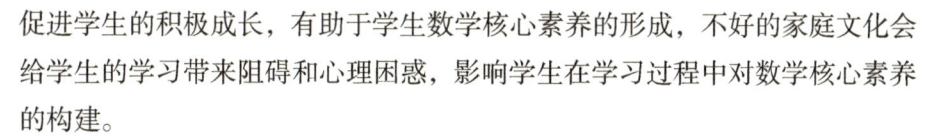

促进学生的积极成长，有助于学生数学核心素养的形成，不好的家庭文化会给学生的学习带来阻碍和心理困惑，影响学生在学习过程中对数学核心素养的构建。

（2）关于家庭文化建设的教学建议

我们每一个人从一出生开始就受家庭文化的熏陶和影响，家庭文化是我国文化体系的重要组成部分，对孩子的一生都有着深刻的影响。所以，加强家庭文化建设不容忽视。

学生数学核心素养的培养是一项系统工程，仅靠高中数学的课堂教学是远远不够的，它离不开家庭和社会的支持和配合，只有学校、家庭和社会形成三位一体的育人合力，才能使学生的数学核心素养从学校延伸到家庭、延伸到社会，充分发挥出数学核心素养的功能和作用。在日常教学中，教师需要创造时机和机会，通过组织家长课堂、家庭教育讲座、家长开放周等活动，对家长进行培训，指导家长正确对待孩子的成长，教会家长一些指导孩子学习的方法，促使家长转变教育观念，在关注孩子学习成绩的同时，更要关注孩子的心理健康。教师还要定期开好家长会，利用家长会和家长进行交流和沟通，对孩子的学习进行全面了解，家长之间也可以相互交流彼此的家庭文化，让家长树立正确的家庭教育理念，促进家庭文化的和谐发展，为学生营造良好的家庭学习氛围。教师还要鼓励家长勤于学习，掌握家庭教育的基本理论，不断提高自己的人生观、价值观和生存方式，做好学生的表率，在家中营造一种和谐的家庭文化氛围，用自己的言行和家庭文化来感染和教育孩子，帮助孩子养成正确的核心素养。

### 3.2.2 教师教学角度

教师是教学过程的组织者、指导者和促进者，在学生数学核心素养的培养中发挥着至关重要的作用，教师引导学生走向知识、走向社会、走向生活，教师自身的素养与教师的教学方式，对学生数学核心素养的养成具有直接的影响。如果在实际教学过程中，教师不能够很好地引导学生，仅靠学生的个人努力是很难构建完善的数学核心素养的。当前很多教师迫于教学压力以及受应试教育的影响，为了追赶教学进度，提高学生的数学分数，在教学中经常以教会学生解题为主，而对学生数学核心素养的教育和发展关注不够；在现实中，为提高教师教学的积极性，很多学校将学习成绩和教师评价相挂钩，使得部分教师以成绩作为教学的起点和目标，忽略了学生的思想教育和发展，不利于学生数学核心素养的发展，导致在班级内出现很多"高分低能"的学生，背离了新课改对学生核心素养的要求；还有些教师在教学方式上陈旧落后，对先进教学手段和教学设备的利用率较低，在教学内容上以课本和考试大纲为主，知识单调、老套，对学生缺乏吸引力，使学生对数学课堂教学的兴趣不高，难以从课堂教学中领悟、获得自己所需要的数学核心素养。

(1) 影响高中生数学核心素养的教师教学因素

①教师的心理健康

教师的心理健康直接影响学生的心理健康。高中生每天在学校里与教师接触的时间最长，而教师又是学生最直接、最具权威的榜样，教师的一言一行、一举一动都会给学生带来长久、深刻的影响。心理健康的教师可以很好地设计课堂教学内容，努力为学生营造一个有益于学生身心健康发展的良好的学习环境。比如，如果教师每天走上讲台，就把所有与课堂教学无关的事抛在脑后，总是面带微笑，对教学充满激情，根据不同的教学内容和学生的学习需求，创设不同的学习环境，激发学生的学习兴趣，积极与学生进行沟通和交流，那么整个课堂就将充满快乐的元素，让学生在轻松愉快的氛围中进行学习，学生也会产生一种积极向上的健康心态，积极地去学习和思考，主动地融入课堂教学活动中，提高教学效率，教师也可以从学生的学习反馈中收获教育的快乐体验。反之，如果教师没有健康的心理状态，总是带着情绪进行课堂教学，就很难营造愉快、轻松的课堂学习环境，这些教师往往在教学中表现出烦躁、易怒、情绪不稳定，很容易和学生在课堂上产生冲突，教师的这种不良的心理状态也会影响到学生，使学生处于紧张和焦虑之中，影响学生的思维活动和课堂参与，导致学生学习效率低下，学习效果不佳，长此以往，还会使学生产生心理问题，不利于学生核心素养的发展。所以，教师的心理健康程度对学生数学核心素养的发展具有直接的作用。

②教师的思想水平

教师的思想水平体现在教学活动中教师的教学行为倾向，教师的思想水平直接决定了教师的教学态度，而什么样的教学态度就会引发什么样的教学行为，教学行为和教学态度、教师的思想水平具有高度的一致性。教师的思想觉悟高，就会对教育教学工作积极、上心，在教学中对学生具有爱心、耐心和信心，在生活中对学生关怀备至，具有高尚的道德修养，容易获得学生的认可和喜欢，使学生由喜欢一个人而爱上一门课，增强学生的学习动力。教师对数学学科的价值认知、对工作的态度、为人处世的原则等都会以有声或无声的方式来影响学生，促使学生端正学习态度，自觉地发展自己的数学核心素养。

③教师的知识水平

"师者，所以传道、授业、解惑也"，这句话不仅说明了教师是一种社会职业，也强调了知识对教师的必要性。核心素养视域下，教师的知识水平主要表现在教学过程中，如，是否能向学生传递最有价值的数学知识，是否能引导学生感悟、学习班级文化、师生文化等"隐性知识"，还表现在教师在日常的学习和生活中能否言传身教，教给学生做人的道理和生活的经验。

学生具有天然的"向师性"，教师渊博的学识深深地影响着学生，慢慢地征服着学生。通常情况下，教学中可以容忍教师的苛刻，但却不能原谅教师的无知。作为数学教师，不仅需要具有数学学科的基本知识，而且还要上知天文，下知地理，了解古今中外，把握时代脉搏，在数学教学中通过高深的知识，旁征博引，用风趣、幽默的语言，把抽象的高中数学讲得具体、生动和形象，让学生沉浸在知识的海洋里，让学生从心理上乐于接受，把数学学习当成一种享受和愉悦的体验，调动学生的积极性和主动性，这样学生潜在的数学核心素养也会得到很好的发展。

④教师的人格魅力

尼采曾经说过："要提高别人，自己必须是崇高的。"作为教师，除了要有丰富的学识，还需要具备人格魅力。要想培养学生的数学核心素养，数学教师就必须具有人格魅力，让自己成为学生心目中的偶像，用美好的师德形象影响、感染、教育学生，其对学生数学核心素养的发展具有事半功倍的效果。善与爱是教师人格魅力的重要内容，在教学实际中，教师和学生不是对立的关系，而是和谐的师生关系和朋友关系，理解和尊重是最基本的前提和要求。在实际教学中，有部分教师对优等生过分偏爱，对差生忽略对待，这就很容易造成师生感情出现隔阂，甚至会导致师生关系决裂，学生对教师的教学和管教无动于衷，因而也就谈不上数学核心素养的发展了。相反，如果教师在教学中对学生一视同仁，充分尊重学生的个性，用谦和的态度和平易近人的话语和学生进行交流和沟通，学生就会对教师敞开心扉，对教师产生深深的依赖之情，增强学习的自信，主动地融入教学活动中，自觉地提升自己的数学核心素养。

⑤教师的教学方式

教师的教学方式对高中数学的课堂教学效果具有决定性的影响，对学生数学学习兴趣和数学核心素养的发展也具有十分重要的影响。高中数学内容多、难度大、进度快，课堂教学时间紧张。所以，在课堂教学中，教师没有太多的时间将知识的重点和难点进行透彻分析，也不能将各种题型和解题方法面面俱到地向学生进行讲解，只能挑选一些具有典型特征的习题来讲解。高中数学的教学方式比较注重知识的发生过程，倾向于学生数学思想方法的渗透和思维品质的培养，这就导致很多学生跟不上教师的讲课节奏，对学生数学知识的掌握和数学能力的养成具有很大的影响。随着科学技术的发展，先进的信息技术和先进的教学设备已经在各学校得到广泛的普及，但在高中阶段有很多教师受制于传统教学习惯，对先进的信息技术和设备利用率不高，课堂教学方式陈旧老套，难以激发学生的学习兴趣。还有部分教师在学生评价环节中，仍以考试成绩作为评价的唯一标准，打击了部分学生学习的积极性，使数学课堂教学效率低下，影响学生数学核心素养的发展。

在核心素养视域下，学生的数学核心素养是引领教师教学方式转变的重要因素。基于学生的数学核心素养，教师的教学方式应当由重视学科知识转向重视能力培养，教师在教学的过程中，不仅仅是向学生传授数学知识，还要发展学生有益的品质和素养；课堂教学的中心应当由教师转向学生，教师要把课堂的主体地位还给学生，从学生的实际出发，转变教学方式，让课堂教学更好地服务于学生数学核心素养的发展；评价方式也应当由单一评价转向多元评价，不再把考试成绩作为评价学生的唯一标准，实现评价内容、评价方式和评价主体的多元化，用科学的评价方法来评价学生，充分发挥评价的激励功能，为学生核心素养的发展注入动力。

(2)关于教师教学的建议

①对教师的建议

教师要注重学习，准确把握数学教学改革的新变化和新要求，树立新时代的教育思想和育人目标，不断充实数学专业知识和综合性的跨学科知识，提高课程规划和教学实施的能力，不断丰富自身的文化底蕴，提高自身的人格魅力，推进学生数学核心素养的发展。教师还要重视教学研究，通过主题调研、小课题研究等形式，从教育教学实践中提炼问题，探究结论、方法和策略，在教学积累中不断增强自己的学习能力和反思能力，实现理论和实践的相互转化，不断提高自身教学的科学性和严谨性，探究发展学生数学核心素养的最佳途径。课堂教学是培养学生数学核心素养的主阵地，在核心素养视域下，教师要以日常教学实践为载体，对教学目标、教学内容、教学方式等进行有效的探索，使课堂教学可以更好地培养学生的数学核心素养，教师还要不断反思自己的教学习惯，查找自己的不足，从而进一步优化、调整或改进自己的教学方式，使其可以更好地满足学生数学核心素养发展的需求。教师还要充分发挥互联网的优势和作用，利用各种平台的网络资源课程，进行自主选择、自主培训，不断提升自己的专业素养。

②对教学方式的建议

数学核心素养的落实需要教学方式变革的保障，课堂是将数学核心素养落地生根的主阵地，教师的教学方式是将数学核心素养落地生根的中间环节，没有教学方式的转变，就没有数学核心素养的课堂化实施，数学核心素养也就成了一句空谈。所以，在核心素养视域下，教师的教学方式需要进行变革和创新。

在当前的高中数学教学中，知识灌输和技能训练仍是基本的教学方式，过度关注解题过程和标准答案的现象非常普遍。在核心素养视域下，教师要停止灌输式的课堂教学方式，培养学生的主体意识，让学生成为学习的积极探索者，而不是知识的被动接受者，将课堂教学由给出知识转向引导探索，留出课堂空白，让学生进行自主探索和合作交流，让学生在充满趣味的课堂活动中学到知识，发展自身的数学核心素养。在核心素养视域下，学生的数学核心素养将学生放到了一个更加重要的位置上，突出了学生的课堂主体地位，教师在教学中必须转变传统的教育观念，树立平等的师生观，从讲台走下来参与到学生的学习活动中,成为学生学习道路上的帮助者、领导者和参与者,教师要下放更多的权利给学生,让学生有更多自己支配的机会,释放学生的个性,促进学生个性的发展。教师还要尊重学生的个体差异,实施因材施教,在教学中要尽可能地根据学生的个体实际情况设计教学方式,提高教学的灵活性,使每个学生都可以从课堂上有所收获,促进学生数学核心素养的整体发展。在课堂教学中,教师要根据教学内容,采用灵活的教学形式,比如游戏教学、情境教学、合作探究教学等,用丰富多样的教学形式提高数学课堂教学的新鲜感,调动学生的学习兴趣和参与兴趣,让学生在轻松、愉悦的氛围中主动学习,促进学生数学核心素养的发展。

### 3.2.3 学生自身角度

学生是数学核心素养的载体,是数学课堂教学活动的主要参与者,是课堂教学的主体,学生的自身因素对数学核心素养的形成和发展具有决定作用。

(1)影响高中生数学核心素养的学生自身原因

①学生的身心发展

高中生的思维水平和行为方式已经接近于成人,独立性比较强,很多学生对教师和家长的劝诫和指导存在抵触情绪,在学习和生活中主见性特别强,具有"不撞南墙不死心"的劲头,这种心理品质有时候会给学生带来一定的好处,但也会给学生带来负面的影响,盲目的过于自信,会使学生的思维失去灵活性,将自己困在自己所创设的思维牢笼里,使数学学习陷入困境,使学生的自信心受挫,进而对数学学习失去兴趣和动力,影响学生数学核心素养的发展。在日常的学习中,还有些学生意志力比较薄弱,情绪不稳定,易受支配,行为冲动,自制力差,经不起外在因素的诱惑,凭自己的直觉看待事物、认识问题,身心发展存在着明显的局限性,这样的学生在数学学习的过程中经常静不下心来,注意力很容易被其他的事物和问题带偏,对数学问题缺乏"刨根问底"的精神,不会独立思考、主动探索,因而把握不到数学知识的精髓,也抓不住数学问题的本质,给学生数学核心素养的发展带来不利的影响。还有部分学生心灵比较脆弱,抗挫能力差,缺乏战胜困难、突破自我的信心和勇气,当经历几次数学失败后就会对数学学习失去信心,甚至放弃数学学习,给学生数学核心素养的发展带来一定的困难。

②学生的学习方法

高中数学知识具有严密的逻辑性、高度的抽象性和很强的概括性,其中的很多数学知识和数学问题都难以理解,如果没有正确的学习方法,学生在面对数学问题时就会手足无措,无从下手。在实际学习中,很多学生依然采取传统的数学学习方法,被动地接受知识,机械地记忆一些解决问题的方法,不注重自己思维能力的锻炼,学生所掌握的数学知识过"死",数学能力也有限,无法将所学知识灵活地运用到解决实际问题中。如果所困扰的数学问题得不到有效的解决,学生就会产生焦躁不安的情绪,对其后续学习产生阻碍,当下次再遇见相同或相似的问题时,就会产生学习的焦虑,无法进行正常的学习。如果这种情况频繁出现,就会使学生产生强烈的挫败感,对数学学习逐渐失去信心,甚至产生自卑、厌学的情绪,这对数学核心素养的发展是极为不利的。所以,只有科学的学习方法才会让学生体会到数学学习的乐趣,才会为学生的数学学习扫除障碍,为学生数学核心素养的养成提供科学的方法保障。

③学生的学习态度

"态度决定一切",不同的学习态度会对学生数学知识的接受程度产生不同的影响。在课堂上具有同样努力行为的学生,有的对数学具有浓厚的兴趣,并对数学持有积极端正的学习态度,这些学生就能从课堂学习中不断地获得成功的、积极的体验,使学生对数学学习的兴趣越来越浓,学习自信心也越来越强,数学核心素养的发展也远在其他学生之上;而对于另外一些学生,他们的学习是被动的,是在高考的压力之下,或迫于教师和家长的要求来学习的,这些学生往往对于数学学习具有消极、厌恶的情绪,把数学学习作为一种负担,他们的学习体验多为被动的体验,感受不到数学学习的快乐,在数学知识学习的广度上和深度上具有很强的局限性,不利于学生数学核心素养的发展。

④学生的学习习惯

高中数学学习需要具有良好的学习习惯,这是由数学学科本身的特点决定的,也是数学核心素养的必然要求。学生形成良好的学习习惯后,数学学习会变得更加严谨、认真和踏实,更加容易把握数学学习的本质,更深刻地认识到数学所蕴含的人文底蕴和价值意义，会加速学生数学核心素养的形成与发展。在实际教学中，很多学生缺乏良好的学习习惯，上课不会认真听讲，注意力不集中，小动作不断，课后作业马马虎虎，敷衍了事，书写潦草，不会动脑，存在学习的惰性，即使在教师的帮助下改掉了这些不良习惯，但由于缺乏战胜困难的勇气和恒心，自控能力差，不长时间这些不良的学习习惯又会出现，制约了学生对数学知识的掌握和数学能力的提高，严重影响了学生数学核心素养的发展。

(2) 关于学生自身的教学建议

在核心素养视域下，教师应当创造合适的条件和机会，让学生在学习的过程中，根据自己的学习体会，用自己的数学思维，重建有关的数学知识，发展自身的数学核心素养。

在具体教学中，教师要创造宽松、民主的学习环境，鼓励学生在课堂教学中敢想、敢说、敢问、敢做，勇于并乐于展示自我，提高学生的综合素养。数学学科具有较强的实践性，教师要鼓励学生参与到课堂实践操作中，多为学生创设实践操作的情境，提供动手摆弄的实践机会，让学生亲力数学知识的形成和发展过程，发现数学学习的乐趣，体验数学的魅力，在实践中发展学生的数学核心素养。高中生具有很强的胜负欲，教师要利用好学生的这一心理，根据教学内容，在课堂教学中设置辩论讨论内容，鼓励学生运用数学语言，表述自己的数学观点和看法，让学生在争辩中深化对数学知识的理解，激发学生的探索精神和竞争意识，提高学生的数学核心素养。教师还要引导学生学会观察生活，鼓励学生将所学的知识应用到现实生活中，去解决生活中的实际问题，让学生更好地体会数学在现实生活中的应用价值，也让学生感受到生活中处处有数学、处处用数学，培养学生的数学意识，发展学生的数学核心素养。在日常教学中，教师也要注重学生学习习惯和学习态度的培养，可以选择数学学习态度端正和具有良好学习习惯的学生，将其树立为班级数学学习的榜样，鼓励学生向榜样学习，培养学生良好的学习习惯，形成积极向上的学习态度，为学生数学核心素养的发展奠定基础。

# 第4章 核心素养视域下的高中数学课堂教学策略

## 4.1 进行核心素养教育的前提条件

### 4.1.1 对教师的要求

(1) 核心素养视域下对高中数学教师的教学观念提出了新要求

教师观念是教师素质的核心，是教师在从事教学活动时的价值观、世界观，是分析和评价教学活动和学生的思维框架，在课堂教学活动中具有较大的稳定性，对学生具有较强的影响力。随着新课程教育理念的不断推进和实施，高中数学教育教学的重点应由重视学生的分数转向重视学生全方位能力的培养与发展。如果仅仅为学生获得高分而开展教学活动，那么教育就谈不上什么素质、创新与改革。所以，作为一线教育教学工作者，要紧跟时代步伐，不断改革和创新，转变传统的教学观念和教学理念，树立新时代的科学教育观念。

培养高中生的核心素养已经深入到数学的各个教学环节，给高中数学带来了生机与活力，但是由于传统教育思想根深蒂固，很多高中数学教师仍以提高学生学习成绩为教学目标，采用"教师讲、学生听"的教学模式，教师是课堂的主体，学生是课堂知识的被动接受者，阻碍了学生思维能力和核心素养的发展。核心素养视域下的教育核心不再是教师传授知识的多少，而是学生素养的培养和发展，所以教师要转变传统教学理念，使课堂教学由知识传授变为知识引导，使学生一切知识的获得都由其自己去亲身实践、探索，拓展学习的空间，外延学习活动的范围，发展学生的自主学习能力和思维能力。

在以往的高中数学教学中，过分注重知识点和典型例题的讲解，注重向学生进行知识灌输，让学生死记硬背题型、公式，使学生所学的理论知识过于死板，甚至在学生的头脑中形成了思维定式，在遇到实际问题时不会活学活用、灵活变通。核心素养视域下的高中数学教育是创新的教育、发展的教育。教师应转变教学观念，变"授之以鱼"为"授之以渔"，在教学中要用先进的教育理念指导教学活动，发展学生的思维，教会学生科学的学习方法，并鼓励学生灵活运用知识和方法去解决不同的问题，培养学生解决问题的能力和创造性的思维，提高学生的自主学习能力。

核心素养强调学生是学习的主体，教师要转变传统"一人独大"的教学观念，尊重学生的个性发展。传统教学模式下的高中数学课堂以"教师提问、学生回答、教师总结"为基本的教学思路，从表面上看合情合理，但却在一定程度上影响和阻碍了数学课堂教学的改革与发展，特别是影响了学生的自身发展。在核心素养视域下，高中数学课堂教学应变"师问"为"生问"，教师要坚定学生为主体的教学理念，鼓励学生在课堂上大胆发问、大胆质疑，充分发挥学生学习的自主性和创造性，促进学生个性的发展和思维创新能力的提高。

高中生由于学习基础、学习能力、学习环境等的不同，在高中数学学习上具有明显的差异性，高中数学教师要坚持公平、公正的思想，使教育教学面向全体学生，实现"教书""育人"的有机统一，重视学生情感和意志等心理品质的培养，彻底改变传统的课堂教学结构，努力构建学生乐学的教学场景，激发学生学习的积极性，提高课堂教学效果。在教学中，教师还要学会科学合理地评价，让每个学生都有机会受到成功的鼓励，最大限度地为每个学生创造参与课堂活动的机会，使每个学生都能感受到学习成功的满足感和喜悦感，将学生的"苦学"变为"乐学"，增进师生之间的交流和沟通，构建和谐的师生关系，营造和谐、融洽、活泼的课堂教学氛围。

(2) 核心素养视域下对高中数学教师的角色转变提出了新要求

在传统的高中数学课堂教学中，教师经常扮演着权威角色、仲裁者角色和传话者角色，师生之间只是单纯的传递信息、教授知识、接受信息、学习知识的关系，教师是学生获取知识的主要渠道，在课堂上占据着主导地位，而学生是被动的知识接受者。在核心素养视域下，高中数学的课堂教学过程要求师生共同交流、对话，共同认知、分析，提倡师生"合唱一台戏"，教师在戏中扮演着非常重要的角色。

从教师和学生的关系来看，核心素养要求教师应该是学生学习的促进者、学生学习能力的培养者和学生人生的引路人。自古以来教师的责任都是传道授业，作为知识的传授者而存在，但核心素养视域下的高中数学课堂教学更加关注学生的核心素养发展，所以，教师在当前的教学中要以促进学生发展作为自己的责任和义务，在新的教育理念的指导下，放开双手，做好学生的促进者，用自己的教育理念和教学实践，激发学生的学习积极性。随着时代的发展，高中生所要掌握的数学知识越来越多，也越来越深奥，课堂教学的知识内容远远不能满足社会发展的需要，并且在信息技术背景下，学生获取知识的渠道越来越多，教师作为知识传授者的传统地位被动摇了，教师的职能也变得复杂多样了，教师不再是只传授现成的课本上的知识，而是要指导学生掌握获取知识的工具和方法，把精力放在学生对知识的掌握过程上，成为学生学习的促进者、学习能力的培养者，把教学的重心放在如何促进学生的学习上。核心素养视域下的教师不仅要向学生传授知识，还要引导学生树立正确的人生理想和信念，引导学生不断地向前，向更高的目标前进，教师要从过去传统"说教者"的角色中解放出来，成为学生健康心理、健康品德的引领者和塑造者，引导学生学会自我调节、自我控制、自我选择，做好学生的引路人。

在传统教学模式下，教学活动和教研活动是彼此分离的，教师的任务只是教学，研究被认为是专家学者的"专利"，因而教师很少有从事教学研究的机会，即使有机会也是处于辅助、配合的地位，导致教学研究和教学实际相脱离，专家学者研究的教学成果并不一定能为教学实际所需要，无法转化为教学实践上的创新，对教师和教学的发展是极为不利的。在核心素养视域下，从教学与研究的关系来看，教师应当是教育教学的研究者。教师在教育教学的过程中，要以研究者的心态置身于教学活动之中，以研究者的眼光审视、分析教学理论和教学实践中的各种问题，并对自己的教学行为进行反思，对出现的问题进行探究，总结、积累教学经验，进而形成规律性的认识，做到"知行统一"，促使教师由"教书匠"向"教育家"转变。

在传统教学中，教学和课程是彼此分离的，教师的任务只是按照教科书、教学大纲等的要求去进行教学，教学进度和教学内容都是教学计划规定好的，教辅资料也是由教育部门统一提供的，教师成了教育的机械执行者，使得教学内容、课程设置经常和学生的学习需求和心理需求产生矛盾，不利于教学质量的提高和学生的个性发展。核心素养视域下的新课程改革倡导民主、开放、科学的课程理念，并确立了国家课程、地方课程和校本课程三级课程管理政策，这就要求课程设置必须与教学实际需求相适应。教师在教学过程中不能只是课程实施的执行者，而应成为课程的建设者和开发者，改变以往学科本位的观念，提高和增强课程建设的能力，积极开发本土化、校本化的课程，使课堂教学内容和教学形式可以更好地满足学生的成长发展需求。

随着时代的发展，学校教学已经不能满足学生的学习需求，教师还要充分挖掘社会的教育资源，将学生从学校这座"象牙塔"中解放出来，让学生参与到社会的生产、生活中，去感受生活中的数学知识，在生活中运用数学知识，教师应从传统的保守型的教师向开放型的教师角色转变，利用社会资源丰富课堂教学的内容和意义，将课堂教学和生活实际紧密联系起来，使课堂教学可以更好地适应现代社会和科技发展的需求，培养学生的学习兴趣，积累更多的学习经验，为学生的终身学习奠定坚实的基础。

（3）核心素养视域下对高中数学教师的教学行为提出了新要求

在核心素养视域下，高中数学课堂教学提倡学生的主动参与、勇于探究和勤于动手，注重培养学生收集和处理信息的能力、获取新知识的能力、分析和解决问题的能力、交流与合作的能力。为此，教师必须改变传统的教学行为，用新的教学思路和新的教学策略构建开放、创新的教学课堂，为学生营造更广阔的学习空间。

在过去的课堂教学中，教师是课堂的主宰者，一切教学活动都以教师的主观意识为中心，学生被动地接受学习。而在核心素养视域下，教师要给学生提供更多展示自己的空间和机会。教师要充分利用各种教学手段和教学工具，为学生创设良好的教学环境，激发学生的学习欲望，鼓励学生在课堂上积极发言，大胆表述自己的意见和想法，营造宽松、民主、和谐的课堂氛围，开发学生的学习潜力。教师还可以结合教学内容开展小组合作学习，创新教学方式，为学生提供合作学习的空间，使学生之间在小组内相互交流、相互帮助、取长补短，实现优势互补，促进学生的整体进步。

在备课环节上，教师要改变传统的备课和教案书写方式。教案不再是过去的罗列知识点，而是要将教学过程和教学内容进行优化设计，针对不同的教学内容做出个性化的教学设计，改变过去照本宣科的教学模式，增强课堂教学的趣味性和吸引力。教师还要做好课堂中突发情况的预设，设想学生会提出什么样的问题，应该如何解答，力求把课程设计做得细致、完善，保障课堂教学的顺利进行。

在传统的课堂教学上，教师以一套教学方案来面对班级内的所有学生，缺乏对学生个体差异性的考虑，使课堂教学存在着不合理性，教育教学难以面向全体学生、使全体学生受益。而在核心素养视域下，教师的教育和教学应从学生的具体实际情况出发，尊重学生的个体差异，开展分层教学或小组教学，让课堂教学真正面向全体学生，让所有学生都能从课堂教学中受益。

在作业设计上，教师要摆脱传统的题海战术，尽量多设计一些具有实际情境又与教学内容紧密相连的应用题型，让学生感觉到学习数学的价值和意义，增强学生的实践意识；传统的作业内容枯燥，教师可以多设计一些一题多解的题型，开发学生的智力，让学生从不同的角度去看待问题、解决问题，提高学生解决问题的能力；针对不同学生的不同学习水平，教师可以设计"自助餐"式的作业，让学生可以根据自己的实际情况和学习需要去选择适合的作业内容，满足学生的差异化学习需求，充分发挥作业的作用；教师还可以多设计一些开放性的问题，让学生通过自主探究和分析来解决问题，培养高中生的自主学习能力，调动学生的学习积极性。

在教学评价上，教师要善于发现学生的优点，多给予学生正面的评价，并注重评价语言的运用，多给予学生以启发和鼓励，肯定学生的优点，维护好、保护好学生的自尊心，为学生的数学学习注入动力，促使学生对数学学习保持长久的兴趣。

在日常教学和生活中，教师要走下讲台，融入学生当中，多和学生进行交流和沟通，学会倾听学生的心声，及时发现学生在学习和生活中存在的不足和问题，并给予其及时的帮助和纠正，和学生建立"良师益友"的师生关系，营造良好的学习氛围。

(4) 核心素养视域下对高中数学教师的教材应用提出了新要求

一直以来，教材都是高中数学教学的核心内容。在核心素养视域下，教师要认真研究新课标和教材内容，领会教材的编写意图，把握正确的教学目标，在此基础上科学地组织教学内容、设定适当的教学策略和方法，按质按量地实现教学目标。

高中数学教师在应用教材时，要明确教材在知识体系中所占据的地位和作用，认真研究教材前后内容之间的联系和区别，不断将新知识渗透到学生已有的认知结构中去，完善学生的知识体系，从全局上更好的把握和使用教材。教师在研究教材时要充分分析教材各部分内容编写的思路和内在逻辑关系，从中领悟教材所提供的教与学的过程和方法，从而使教师可以结合教材设计最优化的教学过程。高中数学内容繁杂、知识的抽象性较强，学生对很多知识点的学习存在一定的困难，教师在使用教材时要结合学生的实际，分析研究教材的重点、难点，在教学中抓住关键、突出重点、突破难点，有效地提高课堂教学效率。教师还要对教材内容进行细致的分析和理解，仔细区别哪些是学生必须掌握的知识和技能，哪些是为了方便学生学习而安排的背景材料、例证或过渡性练习，对教材进行准确全面的把握，找准教材内容的知识、技能的要点，提高课堂教学的科学性和准确性，以保障教学目标的顺利实现。

### 4.1.2 对学生的要求

数学知识来源于生活，又应用于生活。在现代社会，人们日益离不开数学，数学推动了人类社会的进步和发展，具有一定的数学素养是现代人们适应生活、工作的必须条件。高中数学作为义务教育后的数学教育，既包含了基础的数学体系内容，同时又向更深层次的数学体系迈进，在学生的数学学习过程中具有承上启下的作用，在培养学生核心素养上具有举足轻重的作用和意义。核心素养视域下的高中数学教学对学生提出了新的要求，旨在培养高中生的内在能力和品质。

1. 掌握数学知识，提高数学技能

核心素养视域下要求学生做到基础知识扎实、基本技能熟练，这是我国数学教学的传统，也是我国数学教学的特色。掌握数学知识、提高数学技能是发展学生核心素养的前提和基础。要想扎实地掌握数学知识，学生需要具有良好的学习习惯，在新知识教学前，养成良好的预习习惯，从整体上对新知识有个大概的把握，找出自己学习的难点，并做好标记，在课堂教学时可以着重听讲，深化对知识的理解和记忆；在课堂上，学生要积极参与到课堂教学活动中，认真听讲，对于心中的疑问要趁热打铁，及时提出，及时解决，不能越积越多；在课后，学生要按照教师的要求进行练习和作业，对所学知识进行及时的巩固，对学习过程进行反思，查找学习的不足之处并及时改进，从而深化对数学知识的掌握。做题只不过是高中数学学习的一部分，学生还要主动地对知识进行研究和探索，在实践过程中锻炼数学技能，发展数学思维，学会知识的活学活用。

2. 提高数学意识，增强数学能力

学好数学的前提条件是学生愿意学、乐于学、会主动地学。在高中数学教学中，学生需要转变学习态度，树立正确的学习观。学生首先要明白在核心素养视域下的高中数学课堂上，教师不再是课堂的主体，教师讲学生听的灌输式的教育模式已经被越来越多教师所摒弃，学生的课堂主体地位日益突显，学生要提高自主学习的意识，告别对教师的依赖，以更好的方式实现学习目标。

高中数学教学需要学生具有敏锐的数学嗅觉，要求学生具备一定的观察能力，要善于发现生活中的数学和数学知识在现实生活中的具体应用，让学生更加真切地感受到学习数学知识的价值和意义，有效地激发学生的数学意识，学会用数学的眼光审视问题，用数学思维解决问题。高中数学教学以具体的情境为基础，学生在学习过程中要学会利用情境，在情境中获得更加直接的学习体验，学会数学知识的应用，进而增强学生的数学能力。数学学习不仅仅局限在课堂上，教师要使学生学会"学以致用"，培养学生的应用意识，让学生可以利用所学知识去解决生活中的实际问题，提高学生的数学应用实践能力。学生只有不断提高自身的数学能力，才能够顺利地进行各种数学活动，才会合理地解决大量的数学问题。

3. 培养数学思想，学会数学方法

数学知识是无穷的，但学生的学习时间却是有限的，所以，只有学生掌握了科学的数学思想和数学方法，才会提高数学学习的效率，才会准确地掌握数学知识的精髓。在高中数学学习过程中，每当遇到新问题时，学生总会用熟悉的题型去"套"，但这种解题方法并不是在任何情况下都有效的，只有对数学思想和数学方法理解透彻、能够融会贯通时才会对数学问题产生新的想法、找到新的解法。核心素养视域下的高中数学十分重视对数学思想方法的考查，在很多试题解答的过程中都蕴含着重要的数学思想方法，这就需要学生有意识地用数学思想和数学方法去分析问题、解决问题，形成数学能力，提高数学核心素养。

数学思想和数学方法与数学知识相比，具有较高的地位和层次，数学知识以文字或符号的形式存在于人的头脑中，随着时间的推移和记忆力的减退，很多数学知识在未来都会被我们所遗忘。而数学思想和数学方法作为一种数学意识，只能靠领会和运用，在对数学问题认识、处理和解决的过程中得以强化，形成一种解决问题的思维，让学生受用一生，即使数学知识忘记了，但数学思想方法依然能够在生活实践中起作用。数学思想是数学的灵魂，它与数学方法同生共存。在数学学习中，数学知识是基础，数学方法是手段，数学思想是深化，在核心素养视域下，提高学生的数学核心素养，就是提高学生对数学思想和数学方法的认识和运用。所以，核心素养视域下的高中数学课堂教学要求学生具有数学思想和数学方法。

4. 理解数学文化，增强数学信念

数学文化是人类社会文化的重要分支。我国传统的数学教学理念只注重数学知识和数学技能的传授与灌输，完全忽略了数学文化对于学生成长和发展的重要作用，使课堂教学枯燥乏味，降低了学生学习的积极性。在核心素养视域下，高中数学教学对数学文化和数学素养的认识不断加深，数学文化在课堂教学中的价值得到了更广泛的关注和重视。

数学文化在漫长的演化过程中形成了具有特色的语言体系，呈现出特有的思想魅力，数学通过科学的方法描述，帮助人们将深厚的理论思想和对客观世界的描述融入简洁的定理、公式和概念之中，是传递和发扬人类思想成果的重要手段。在数学文化的发展历史过程中，涌现出了一批又一批的数学家，为数学学科的发展做出了杰出的贡献，成为一代又一代人学习的榜样，增强了学生的学习信念。数学文化不是孤立存在的，它具有较强的渗透性，可以渗透到广大学科体系中，是其他理工学科学习和发展的基础，也是影响社会科技发展水平的重要因素。所以在核心素养视域下，要求高中生必须理解数学文化，认识到社会发展和数学学科之间的内在联系，感受数学学科的思维价值、科学价值、应用价值和人文价值，积极开拓视野，探寻数学学科发展的趋势和轨迹，对数学学习产生浓厚的兴趣，强化自身的学习信念。

## 4.2 提高高中生数学核心素养的教学策略

### 4.2.1 指导学习方法，发展数学思维

指导学生的数学学习方法，就是引导学生怎样去学习、怎样去探索、怎样解决各种数学问题，其是"学会学习"的重要组成部分，如何指导学生去学习数学是高中数学教学面临的一个难题，也是每一个数学教师值得深思的问题。

高中数学和初中数学相比，知识内容的整体数量急剧增加，单位时间内需要学生接受的知识信息量增加了许多，用于知识消化和吸收的时间相应减少了，并且在数学语言上和初中数学有着显著的区别。高中数学涉及符号语言、逻辑运算语言、函数语言、图形语言等，数学知识的呈现更加的复杂和抽象，需要高中生具备较强的数学逻辑思维，因而，很多高中生觉得高中数学难学，在高中数学的学习过程中出现了不良的学习心态。很多高中生缺乏良好的学习习惯，在学习时依然对教师存在较强的依赖心理，没有掌握学习的主动权，摸不着高中数学学习的路子，学不得法，学习效果差强人意。所以，高中数学教师要加强对学生学习方法的指导，帮助学生领悟解题思路和解题技巧，找出其中蕴藏的数学思想方法，发展学生的数学思维。

首先，教师要指导学生的听课方法。课堂是高中生学习的主阵地，大部分数学知识的学习都是在课堂上来完成的，而听课就成了课堂教学的重中之重，是影响学生课堂学习效率的关键因素。在具体教学过程中，教师要引导学生养成课前预习的好习惯，通过预习发现学习的难点，也就是听课的重点，对预习中遇到的没有掌握好的旧知识进行查缺补漏，减少听课中的困难；在课堂教学时，学生还可以把自己通过预习了解的知识和教师的讲解进行比较、分析，完善自己的思维方式，掌握科学的思维方法，进而提高自身的思维能力和自学能力。在课堂教学时，学生要做好课前的物质准备和精神准备，收拾课间放松的心情，全身心地投入到课堂学习中。在课堂听课过程

中学生要做到"五到",即耳到、眼到、手到、口到、心到。耳到就是上课专心听讲,认真提取教师在课堂上的分析和讲解,力求知识没有遗漏,另外还要认真听取同学的回答,从同学的回答中学到更多的思维方法,拓宽知识获取的渠道,使自己受到一定的启发。眼到就是学生在教师讲课的过程中要全神贯注,一边听教师讲解,一边看课本、板书或课件,加深对数学知识的印象,同时还要注意观察教师的肢体语言和面部表情,从教师的行为举止中深刻地感受教师所要表达的思想和情感,促使学生对所讲内容产生共鸣,增进学生对数学知识的理解。手到就是指导学生在听课过程中养成记笔记的好习惯,做到"不动笔墨不读书",记笔记不是让学生把教师讲的每一句话都记录下来,而是要指导学生科学地记笔记,主要包括:一是记小结,把教师的随堂小结和对概念和性质的理解注释记录下来,一般情况下,小结都是对当堂课堂教学内容的概括和总结,也是学习和解题的关键,将其记录下来也便于学生的日后复习;二是记方法,在听课过程中,要学会对有效信息进行分析和筛选,把教师讲的解题技巧、解题思路和解题方法记录下来,有助于启迪学生智慧,提高学生的数学能力和解题能力;三是记问题,学生在听课时要将未听懂的问题及时地记录下来,便于在课后向同学或教师请教,突破学习难点,强化学生对数学知识的掌握;四是记疑点,学生要把对教师在课堂上讲的内容存有疑问的地方及时记录下来,便于课后和教师进行交流,提出自己的见解,有利于学生创新思维的发展。口到就是在教师的指导下主动地回答问题或参与课堂讨论,同时还要指导学生学会阅读数学教材,把教材内容诵读出来,在诵读中厘清数学概念之间的逻辑关系,更好地掌握数学语言,发展自身的数学思维。心到就是要指导学生跟上教师的教学思路,跟着教师的节奏去听课,并用心分析教师的教学内容,抓住课堂教学的重难点,领会教师分析问题的思路和解决问题的思想方法,发展自己的数学思维和数学能力,学会举一反三。

其次,教师要指导学生做好复习和总结。及时的复习和总结是巩固所学知识、提升学习效果的关键。有效的复习方法不是让学生一遍又一遍的看书,而是让学生进行学习反思,开展回忆式的复习,把教师所讲的内容尽可能地想完整,然后再通过和教材、笔记进行对照,把自己遗漏的内容补充完整,从而加深对当天所学知识的掌握。在经过一段时间的学习后,教师要指导学生进行单元复习，构建单元的知识网络，用典型的例题将单元的重要知识点和数学思想方法进行归纳、总结和展示，加深对所学知识的巩固和掌握，帮助学生构建完整的知识结构。

在核心素养视域下，复习和总结是高中数学学习过程中不可缺少的环节，在具体教学中教师可以从以下几方面入手。第一，抓住基础知识，注重"双基"教学。对于任何一门学科，课本知识都是最基础的，考试中的各种题目都是课本知识的演化和变形，所以，在复习总结中，教师要提高学生对基础知识的重视，不要认为其容易就在复习的环节中忽略过去，而是要将课本知识进行系统化的复习，只有把课本知识掌握牢固，学生才会"以不变应万变"，学生的数学能力和数学素养才能得到有效的提升。教师可以指导学生将所学知识进行模块化管理，把知识按照内容划分成几个模块，对学过的数学知识进行一个全面的梳理，指导学生按照由浅入深、由易到难的原则，先从最基本的知识开始复习，再对重难点和遗漏点进行重点复习，确保学生知识复习的全面性。第二，利用原有知识深化、拓展新知识。对于高中生而言，经过多年的学习和生活积累，脑海中已经拥有了大量的知识储备，在复习和总结的过程中，与其再给学生讲一遍已经学过的知识，不如想办法唤醒学生对原有知识的记忆，这样学生对知识的记忆更深刻，理解也更透彻，课堂教学也更有趣。在对数学基础知识进行复习时，教师可以列举以前在课堂教学中的例子来唤醒学生的记忆，帮助学生建立自己的知识体系；当在复习中遇到难题时，教师不要直接给出答案，而是要带领学生们将这道题与以前做过的类似题型做比较，从中找到解题所要用到的知识点，增长学生的解题经验。第三，指导学生进行专题化训练。数学知识的复习和总结，离不开做题训练，教师要指导学生将所学的数学知识进行分类和概括，建立多个数学复习专题，对每项专题知识进行针对性的训练，巩固学生的数学基础，提高学生的数学能力。比如，在复习函数的相关知识时，教师针对"函数定义"进行专项训练，通过举例子的形式引导学生对已学知识进行回忆，让学生在脑海中搜寻关于本专题的知识结构和相关知识点，教师把学生的思路串联起来进行讲解，并从以前做过的试卷、课堂练习和教辅资料中挑选具有代表性的题目对学生开展专项训练，通过做题来扎实学生的数学基础。在此基础上，让学生自主复习函数性质、函数与方程、指数函数、幂函数等相关的知识点，通过这种方式，学生对数学知识、典型题型、数学思想方法的掌握更牢固，理解也更深刻，有助于学生数学知识的系统化。

再次，指导学生做一定量的练习题。有很多高中生把提高数学成绩的希望寄托在大量地做题上，"以做题多少论英雄"，其实这种做法存在着很大的不合理性。习题不在于做得数量多，而在于做题得效率高，做练习题的目的就是检验所学的知识和数学方法是否掌握的牢固，如果数学知识和数学方法掌握不牢固，做再多的题也会反复出错，对提升学习效果没有多大帮助。核心素养视域下的高中数学教学不再提倡题海战术，而是提倡精练，教师在教学中可以开展一题多考的练习模式，将多个知识点融合到一个练习题中，从而有效地避免题海战术，提高练习的质量和效益。做完习题后，教师还要指导学生进行反思，重新思考在解题时所用的基础知识和数学思想方法，并思考在解决其他数学问题时是否也用过同样的知识和数学思想方法，建立起知识间的联系，收获更多的学习经验，进而发展自己的思维和技能。教师在指导学生做习题时，还要让学生养成正确的学习态度，把数学思想方法和解题的准确性放在第一位，而不是一味地去追求做题的速度和技巧，只有充分发挥习题的作用，才能收到良好的教学效果。

在习题讲解中，要改变以前一成不变的死记硬背的教学方法，要从学生角度出发，科学选题，优化题型设计。教师可以根据学生的学习水平和发展水平设计分层小组教学，根据学生的实际情况设计不同层次的习题内容，指导优等小组的学生做一些拔高训练，指导差组的学生做一些基础训练，满足不同学生的学习需求。在习题讲解的过程中，教师要指导学生充分发挥思维想象，对数学问题进行大胆推理，提高学生的逻辑思维能力和数学语言运用能力。教师还要指导学生学会合理利用数形结合法、代入法、试算法等多种做题技巧，提高学生的解题能力，发展学生的思维。习题课上学生是课堂的主体，教师要鼓励学生自主学习，自己动脑思考解决问题的方法和途径，当确实存在困难时，教师再给予必要的帮助，这样不仅可以提高学生的数学能力和数学思维，还有利于学生数学核心素养的提升。做练习题本身是一件非常枯燥的学习活动，教师在讲解习题的过程中可以利用习题内容，恰当地创设一些问题情境，活跃课堂气氛，调动学生做题的积极性，让学生在情境中感受数学思想，不断积累数学经验。

最后，指导学生掌握数学思想。在应试教育模式下，高中数学教学重结论轻过程、重知识轻思想，导致高中数学教学事半功倍，出现高分低能的现象，不利于学生数学核心素养的提高。随着数学学科社会影响力的不断加大，数学教学显得尤为重要，核心素养视域下的高中数学教学重点也发生了改变，良好的数学思想方法教学比数学知识教学更加重要。古人曾经说过，"授之以鱼不如授之以渔"，数学教学也是如此，教师应对学生进行学法指导，让学生掌握科学的数学思想和数学方法，提高学生的数学能力，使学生形成坚定的学习信念和开放性、创造性的思维品质。

高中阶段需要重点掌握的数学思想主要有化归与转化思想、变换思想、运动思想、数形结合思想、函数与方程思想等，掌握了这些普遍的思想方法，在解题时就有了目标和方向，将会大大提升解题的效果。有了数学思想后，教师还要指导学生掌握各种解题方法，比如：换元法、待定系数法、反证法、数学归纳法等，只有在数学思想的指导下，灵活地运用各种数学方法，才能真正地领悟高中数学的精髓，才能真正地学好高中数学。

教师在教授新知识的过程中，要注重知识的推导和演示过程，将抽象的数学知识通过举例、类比、转换等方式，将其具体化、简单化、直观化，引导学生对新知识进行总结和概括，发展学生的逻辑思维，让学生更好地体会其中蕴含的数学思想方法。数学思想方法含藏在数学知识的形成过程和数学问题的解决过程之中，教师在教学的过程中，要引导学生养成及时总结的好习惯，每学完一个章节就要对其中的数学思想方法进行概括和总结，每做完一道习题都要反思其中蕴含的数学思想方法，只有不断总结、不断积累，学生的数学思想方法才会系统化，才会运用的灵活自如。提高学生的解决问题的能力，有利于促进学生数学核心素养的发展，使学生可以更好地适应未来社会。核心素养视域下的高考，不只是考查学生数学知识的掌握情况，更注重考查学生对数学思想方法的理解和应用。教师在平常讲题的过程中，要注重讲授解题过程中用到的数学思想和方法，引导学生运用数学思想方法去解决问题，而不是由教师代劳或由教师直接给出答案，只有这样学生才会掌握数学思想，灵活地运用数学方法。

### 4.2.2 创新课堂教学，培养品德修养

新课程标准强调，数学课程应致力于学生数学素养的形成与发展。数学素养即数学修养、数学水平、数学能力、数学素质等概念的总和，而核心素养是数学能力和数学品质。在核心素养视域下，高中数学教师要改变以往的教学方法，创新课堂教学，不断提升高中数学教育教学水平，培养学生的品德修养，主要可以从以下几个方面入手。

1. 夯实基础，提高学生的应用能力

俗话说："基础不牢，地动山摇"，数学基础是否牢固，直接影响高中生的学习成绩，也是影响高中生长远发展的重要因素。对于高中数学学习来说，基础知识、基本技能和基本数学思想，是高中数学的基础，教学大纲所罗列的数学知识点都是高中数学的基础知识。高中数学知识错综复杂，但每一个知识点都不是孤立的，都和其他知识点存在着千丝万缕的关系，这些知识点构成了完整、严密的数学知识体系。而在数学学习过程中，数学知识的形成过程、定理公式的推导过程以及各种数学知识的应用都包含着数学思想和数学方法，体现着数学基本技能。所以，高中数学教师在教学的过程中一定要夯实学生的数学基础，让学生把公式、定理记牢固，在做题时一看便知道其过程，真正掌握基础习题的解题方法，使学生在理解的基础上实现数学知识的灵活运用。只有把数学基础打扎实了，学生才有提高解题能力的可能性。只有把最基本的掌握住了，才能谈得上掌握解题的方法和技巧，才能向知识的更深层次推进，打好数学基本功是学生取得好成绩的基础和前提。

笔者在具体的教学实际当中发现，有些数学问题教师讲了好几遍，学生在做题时还会出错，一听就会、一做就错的现象屡见不鲜，究其原因，归根到底还是因为数学基础不牢固，学生对知识的形成和理解还未达到要求，只会照着教师的解题思路和解题方法，照葫芦画瓢地简单模仿，题目稍微一变就不会分析和解决了，并没有真正领会数学知识的精髓。高中阶段的数学教学在高中教育体系中占据着非常重要的地位，不仅是学好其他理工学科的基础，也是决定学生人生前途的重要因素。面对高考的严峻形势，高中数学的教学进度较快，给予学生消化理解的时间不足，导致很多学生前后知识衔接不好，讲了后面的就把前面的忘了，没有形成完整的知识网络，基础知识

掌握不全面。还有些教师在练习题的处理上讲得过于粗略，没有对学生的思维进行及时的引导和纠正，导致学生对基础知识的理解不透彻，给解决问题带来了一定的困难。所以，在高中数学教学时，教师一定要注重数学知识的形成过程和数学知识间的联系，帮助学生构建完整的知识体系，扎实学生的数学基础，提高学生的数学应用能力。

当下的高中数学教学始终没有摆脱应试教育的局面，在高考升学指挥棒的指引下，教师中心主义和权威主义依然存在，教师把知识强加灌输给学生，学生的思维能力被淹没在传统教学模式中。为了夯实数学基础，必须激活学生的思维活力，因此，高中数学教师必须摆脱传统教学观念和教学方式的束缚，明确学生的主体地位，努力为学生创设一种和谐、自由、民主、充满活力的课堂氛围，让学生以一个极富独创性的主体来参与到课堂教学活动中，拓宽学生舒展的空间，使师生之间和学生之间形成多元交流的统一整体，在相互作用和相互影响下实现学生的进步。教师要转变角色，成为教学活动中的一员，和学生处于平等的地位，教师要引导学生积极参与到数学课堂教学的全过程中，使数学课堂教学成为师生共同参与的一种相互探讨、共同学习、共同解决问题的探究活动，增强学生的学习体验，深化学生对数学基础知识的理解和记忆。

数学学习离不开记忆，初中阶段的数学学习主要以机械记忆为主，而在高中阶段，学生的知识经验日益丰富，抽象逻辑思维已经成熟，传统的机械记忆已经不再适合学生的认知能力，所以，高中数学教师要主动探索科学的记忆方法，培养学生的意义识记能力，在记忆之前弄懂数学知识的形成过程，并将其纳入已学的知识体系中，使其成为永久记忆，在运用时可以信手拈来。教师要引导学生形成科学的记忆方法，首先，教师要让学生理解所要识记的内容，引导学生对需要识记的内容进行归纳和整理，使记忆内容清晰地呈现在学生眼前，对于比较抽象、难于记忆的内容，尽量赋予人为意义或与现实生活相联系，降低识记的难度。其次，教师要教给学生记忆的方法，比如常用的数形结合记忆、口诀记忆、联想记忆、关键词记忆等方法，提高学生记忆的效率。此外，教师还要锻炼学生的机械记忆，实现机械记忆和意义记忆的有效结合，使知识记忆更牢固。

夯实数学基础离不开做题，高中数学教师要优化课堂练习设计，通过习题巩固数学基础知识，提高学生的应用能力，培养学生良好的学习习惯。高中数学教师在设计课堂练习时，应当遵循目的性、层次性和针对性的原则。在数学课堂练习设计时，教师要准确地把握课堂中每个知识点的重点及难点，提高课堂练习内容的科学性，使课堂练习设计符合教学要求。对于高中数学课堂练习，教师应当做到从简到难、从基本到复杂地设计，掌握好课堂练习的难度，做好知识点的有效过渡和完美衔接，让学生在练习中一步步地掌握基础知识、巩固基础知识，促进思维的发展。高中数学教师在进行课堂练习时，应从学生的实际技能情况和教学内容出发，合理地设计课堂练习的重点和难点，有针对性地对学生进行知识强化训练，从而达到巩固基础知识的目的。

2. 激发兴趣，提升学生的思维品质

思维发展是数学核心素养的关键部分。高中数学教师在课堂教学中要注重学生思维品质的培养，提高学生的合作探究能力，发展学生的创新思维，从而达到提高教学质量的目的。

有效的课堂教学不在于学生掌握了多少知识，而在于学生是否掌握了学习知识的方法和思维。很多高中生都觉得高中数学学起来抽象、晦涩、难懂，高中数学学习非常单调和枯燥。为此，高中数学教师必须创新课堂教学策略，爱护学生的好奇心和求知欲，充分激发学生的学习兴趣，调动学生的主动意识和进取精神，高中数学教师要打破传统一言堂的教学局面，积极开展自主合作探究的学习方式，在课堂上营造有利于学生自主学习的氛围，调动并保护好学生学习的积极性，为提升学生的思维品质做好前提准备。

"学源于思，思源于疑"，学生思维的发展是从疑问开始的，大胆质疑是推动人们探索未知世界的直接动力。在高中数学课堂教学中，教师要鼓励学生大胆质疑，不要迷信于教材和教师，敢于提出自己的意见和想法，并引导和启发学生主动思考、积极探索，寻找解决问题的方法和途径。面对质疑，教师要鼓励学生各抒己见、畅所欲言，大胆表述自己的意见和看法，在合作探究中引导学生尝试采用不同的方法来解决问题，求同存异，提高学生发现问题，分析问题和解决问题的能力，培养学生的求异思维，同时培养学生的团队合作意识和竞争意识，提升学生的思维品质。在教学过程中，教师还可以结合教学内容在学生的学习过程中故意设置问题障碍，以此来调动学生的探究欲望，拓宽学生的思路，培养学生思维的准确性和广阔性。

高中数学是一门科学、严谨的学科，教师在教学的过程中要抓住高中数学的学科特点，在教学中，注意授课的逻辑性，注重知识点的衔接和联系，教学内容要有条理、有层次，符合高中生的认知特点。教师在教学中还要注重教学语言的运用，教学语言要具有逻辑性，对数学知识的讲解要字句斟酌、反复推敲，使教学语言思路清晰、简单易懂，让学生在潜移默化中得到熏陶和提升，培养学生思维的逻辑性。

3.联系实际，增强学生的实践能力

高中数学承载着立德树人的根本任务，在核心素养视域下，高中数学教学越来越重视联系生活实际，将数学教学融入生活之中，实现课堂教学的生活化，提高学生的学习兴趣，增强学生的实践能力。

以往的高中数学教学都是重理论、轻实践，用"高、大、上"的语言进行课堂教学，使本就难学的高中数学难上加难，影响了课堂教学效率的提高。为此，教师需要转变传统的教学观念，改变课堂教学策略，意识到教学联系实际对学生数学学习的积极作用，在日常的数学教学中注重教学的生活化，将数学知识融入具体的、学生熟悉的日常生活事例中，拉近数学知识与学生之间的距离，引导学生在生活中发现数学问题，鼓励学生将所发现的数学问题和所学数学知识相结合，建立合适的数学模型，引导学生针对数学模型进行深入的分析和研究，体会数学思想的应用，提高学生对所学知识的理解层次。教师在教学的过程中还可以借助生活实例、时事热点等学生感兴趣的内容作为教学背景，激发学生的学习兴趣，引发学生深刻的认知，使学生学会用数学的眼光去观察生活问题，提高学生的综合素质。

在高中数学教学过程中，教师还要重视生活情境的设立。高中数学教师要从学生的生活实际出发，在课堂教学中创设生活化的教学情境，将学生熟悉的生活问题转化为数学问题，提高学生对所学知识的兴趣，引导学生学会观察生活、发现生活中的数学问题，并利用所学知识去主动解决生活中的数学问题。比如，在讲概率问题时，教师可以将其融入学生熟悉的抽奖活动中，讲利率问题时可以为学生模拟银行场景等，将抽象难懂的数学知识与高中生熟悉的生活实际相联系，既可以提高学生的学习兴趣，又可以巩固学生在课堂上所学的知识。教师还可以通过角色扮演活动，在课堂上再现真实的生活场景，让学生在逼真的生活情境中学习数学知识、感受数学知识在生活中的应用，增强学生的应用实践意识。

在联系实际进行教学的过程中，教师还要指导学生合理地运用数学资源，注重数学的生活实践。在教学过程中，教师要注重教材的使用，对数学知识的讲解要透彻，帮助学生全面地理解所学数学知识，并在此基础上鼓励学生到生活中去寻找相关的学习资源；在生活中，运用所学知识，帮助学生养成在生活中学习、在生活中实践的好习惯。教师在讲解教材内容时要注重与现实生活的联系，利用生活中的数学资源辅助课堂教学，引导学生借助课堂所学知识对生活中的常见问题进行解决和解释，使学生充分认识到数学学习的意义，调动学生学习的积极性，促使高中数学教学效率得到进一步提升。

4. 深刻理解，内化学生的品德修养

在核心素养视域下，将数学史融入数学教学中是高中数学课程教学改革的一大亮点。数学史是数学文化的最佳载体，它可以将每个知识点都以历史发展的角度呈现，将原本分散的知识点进行重新的整合，有助于帮助学生构建完整的知识体系。学生在数学史的文化熏陶下，会增进对数学的理解，使学生爱上数学、喜欢上数学。数学史具有丰富的内涵，其中不仅包括数学概念、数学定理的起源和发展，也包括一些数学家的成长经历和一些经典的数学名题，通过对数学史的学习和研究，可以帮助学生深刻理解数学知识的形成、发展过程，使学生体会到数学的应用价值，认识到数学与实际生活的关系，认识到学数学是有用的，增强学生学习的信心和动力。

高中数学教材中的概念、原理、公式等都是以一种"高冷"的形态呈现在学生眼前，使学生感到生疏、高不可测，很容易让学生对数学学习失去兴趣。其实，数学教材中的每个知识点都经历了猜想、发现、推导、演算、发展、应用等一系列过程，是一代又一代数学家不断努力，经过无数次的实验才得到的，是人类智慧的结晶，是数代数学家点滴积累才形成的，具有极高的人文价值。如果在课堂教学中，可以将这些前人的思想和思维通过适当的方式呈现给学生，一定会让学生受益匪浅，激活数学的文化价值，丰富学生的学习情感，对提高课堂教学效率有着非常重要的意义。教师在教学中可以利用数学史作为课堂导入，通过向学生讲述数学知识的发展演变过程，激活学生的思维，鼓励学生运用前人的方式和方法，大胆尝试，进行数学知识的研究和探索，再现数学家的推导演算过程，进而加深学生对数学知识的理解，将前人的数学思维深深地刻在脑海中，激发学生不屈不挠、攻坚克难、认真钻研的科学态度，促使学生树立坚定崇高的理想和信念，为学习注入强劲的动力。教师在教学时还可以借助历史情境，将原本抽象、科学的数学知识变得通俗易懂，化繁为简，让学生更加深刻地理解数学知识背后更深层次的含义，培养学生追本溯源、科学严谨的学习态度。

### 4.2.3 建立多元评价，形成合作意识

评价是教育教学过程中的一个重要环节，随着核心素养理念的提出，教学评价越来越受到重视。通过有效的教学评价，不仅可以了解学生的学习情况，有针对性地解决学生在学习中出现的问题，提高学生的数学素养，还有助于教师完善教学过程，改善教学设计，将数学课堂教学推向新的高度。因此，高中数学教师在教学中要运用恰当的评价方式，建立多元评价，促进学生身心健康成长，帮助学生正确地认识自我，增强学生的综合素质，锻炼学生的合作意识。

1. 评价主体多元化

新课程标准明确指出，在课堂评价主体上，应当注意将教师评价、学生自我评价和相互评价以及家长评价有机结合起来，提倡构建多元主体评价的格局。在高中数学教学中，被广泛使用的就是教师评价。教师对学生的评价贯穿于学生的整个学习过程，教师的认可、肯定和赞扬，可以使学生获得成就感，增强学习的自信。教师在评价时要注意评价语言的运用，以温情来感染学生，触动学生的心灵，对学生评价时因人而异，在尊重学生差异化的基础上，对学生的学习效果、学习态度、学习情感等方面做出客观、科学、合理的评价，拉近师生之间的关系，让学生感受到教师的温暖和关爱，对教师产生信赖和信任，从而构建和谐的师生关系，对学生的学习起到极大的促进作用，提高课堂教学效果。在新课程标准中明确指出了学生自评的重要性，高中数学教师在教学中要鼓励学生进行自我评价，让学生对自己的学习过程进行自我反思和总结，学生自我反思的过程就是学生自我认识的过程，通过自我反思，学生不仅可以总结成功的经验，也可以反思自己的不足之处，进

而及时地调整自己的行为，促进学习的深化。核心素养教育倡导自主、合作、探究为主的新的教学方式，因此，在教学过程中，可以采取学生互评或小组互评的形式，让学生在相互评价中学会交流、学会合作，相互学习，相互促进，培养学生的竞争意识和团队精神，有助于学生良好个性和健全人格的形成。教师在对学生进行阶段性评价时还可以让家长参与到对学生的评价中，综合各种评价主体的评价信息，对学生做出科学合理的评价，深化教师和家长对学生的了解，促使教师和家长不断完善教学策略，为学生的健康成长创造良好的条件。

2.评价方式多元化

由于高中生的性格特点、学习能力、学习水平等存在着差异性，因而在对学生做出评价时，要因人而异，这就需要教师掌握多元化的评价方式。在日常教学中应用最广泛、最传统的评价方式就是考试，核心素养视域下的考试评价不是机械的做题，而是被赋予了新的内容和形式，试题内容更加生动活泼，更具有真实性和情境性。通过考试检验的不只是学生的知识掌握情况，更主要的是考查学生解决生活中实际问题的能力，通过成绩预测学生在真实生活中的表现，以此来提高学生的核心素养。传统的教学评价为了达到选拔、甄别的目的，往往会将学生置于严格的个人环境中，不允许学生渐进性交流和合作，学生面对数学问题只能孤军奋战，这种评价方式已经不符合当今社会对人才的要求，为此，教师可以开展合作评价，允许学生通过分工合作来解决数学问题，完成学习任务，通过对小组的整体评价和学生个人对小组活动所做的贡献，对学生个体做出科学的评价，提高学生对现实生活的领悟能力和创造能力。教师还可以开展"档案袋"评价，鼓励学生参与到"档案袋"评价标准的制订过程中，允许学生有自主选择权，学生可以根据自己的实际情况，选择将什么装档，用档案袋来记录学生的成长过程，把学生的表现和点点滴滴的进步都记录到档案袋内，为学生提供自我反思和自我评价的机会。经过一段时间后，学生可以把自己的档案袋内容和其他学生一起分享，相互学习、相互借鉴，促进学生的共同进步。课堂上教师的一言一行都在潜移默化地影响着学生，教师在教学中要注重体态语评价的运用，教师的一个点头、一个肯定的微笑、一个赞许的手势都会对学生产生巨大的影响力，不仅让学生感受到教师的亲切随和，还会增强学生的学习动力，产生

"润物细无声"的教育效果。

评价的方式多种多样，教师在教学过程中要根据学生的具体情况和教学需要，灵活地运用各种评价方式，选择恰当的评价方式，对学生做出科学、合理的评价，以更好地考查学生的学习情况，掌握学生的学习、成长历程，为教师的进一步教学提供参考依据，使课堂教学效果达到最佳。

3. 评价内容多元化

在传统应试教育模式下，教师仅以知识和分数来评价学生，忽视了对学生学习过程、学习能力、心理素质等的评价，在一定程度上影响了学生综合素质的提高，阻碍了学生的发展。在新的时代背景下，社会需要的是知识、能力、情感、心理素质等多方面全面发展的人才。所以，在高中数学教学中，教师必须改变对学生的单一评价方式，实现评价内容的多元化。教师在对学生进行评价时，要努力拓宽评价的内容，既要对学生的知识技能做出科学的评价，又要对学生发现问题和解决问题的能力做出评价，同时还要对学生在学习过程中表现出来的情感、态度和价值观进行评价，使评价更全面、更科学。

在对学生进行知识评价时，教师要认真研读教材，把握教材的重难点，明确教学目标，给每个知识点制订相应的评价标准，以方便对学生的学习情况做出正确、恰当的评价。教师在课堂上恰当、到位的评价，有助于激发学生的学习兴趣和学习动力；对学生在学习过程中反映的知识和技能上的错误进行及时的点拨、评价，可以帮助学生及时纠正错误，避免学生偏离正确的学习方向，为学生的学习扫除障碍。教师在教学的过程中还要学会仔细观察，对学生在学习过程中所表现出来的计算能力、空间想象力、分析能力、操作能力、推理能力等做出科学合理的评价，以促进学生综合能力的提高。教师在教学的过程中还要加强与学生的交流和互动，及时捕捉学生的思维闪光点，对学生的创新思维和突出表现适时地做出恰当的评价，促进学生不断进步。教师还要对学生学习过程中所表现出来的数学学习兴趣、学习动机、学习态度、情感意志等方面作出评价，对学生进行正确的思想引导，调动学生的认知活动和思维活动的积极性，强化学生的学习动力。

4. 评价标准多元化

"世界上没有完全相同的两片叶子"，每个学生都是具有不同需求和兴趣的独立个体，教师在对学生进行评价时，要根据学生的差异，设计多元化的评价标准。教师在教学中可以根据学生的学习水平、性格、学习能力等将学生划分为几个层次，根据不同层次学生的不同学习水平设计不同的评价标准，围绕学生的最近发展区设置评价标准，给每个学生都创造提升的机会和目标。

  在设计科学的多元化评价目标之前，教师要对学生进行科学合理的分层，将学习基础扎实、学习能力强、学习积极性高的学生划分为高层；将学习基础比较扎实、学习能力比较强，具有很大提升潜力的学生划分为中层；将学习基础薄弱、学习能力差、缺乏学习自主性的学生划分为低层。将学生进行层次划分并不是把学生划分出三六九等，而是为了更好地对学生进行教育教学，真正地做到因材施教。评价标准是高中数学教师开展课堂教学的依据和目标，也是学生学习的方向和动力。在制订评价标准时，高中数学教师不能采取传统的评价标准制定方式，统一的评价标准已经不再适应核心素养教育的要求，教师要在学生分层的基础上，根据教学要求为不同层次的学生制订适合他们发展的评价标准，提高课堂教学的针对性，让每个学生都能达到适合自己的发展目标，增强学生学习的信心。对于学习水平较差的低层次学生，要设计基础性的评价标准，这也是其他两个层次的学生必须要达到的评价标准，要求他们掌握最基本的数学知识，会用数学知识解决基础性的数学问题，因为这个层次的学生数学基础比较薄弱，容易产生自暴自弃的学习心态，对于这类学生教师在评价时要给予更多的关注、关心和耐心，给予他们更多的关怀和鼓励，对他们在学习中取得的进步，哪怕是细微的亮点，都要及时做出肯定和表扬，帮助他们树立学习的信心；对于中层次的学生，教师要设计中层次的评价标准，要求学生在掌握数学基础知识的同时，提高数学知识和数学思想方法的运用能力，能够运用所学知识解决生活中的实际问题，并要求该层次的学生在教师的引导下逐渐向高层次学生靠拢，中间层次的学生比上不足，比下有余，很容易产生懈怠的学习心理，教师在评价时要多给予其鼓励和表扬，多为他们创造表现的机会，让他们体会到学习的成功和喜悦，使其保持长久的学习兴趣和学习动力，引导其向更高层次迈进；对于高层次的学生，要设计高层次的评价标准，在达成基础性教学目标后，还要提高学生的综合运用能力，要求学生进行拔高训练，获得更大的发展，教师在对这类学生进行评价时，不光要给予其鼓励和肯定，同时还要指出他们的不足，甚至故意设计一些"挫折"，使他们明白自己的不足，提高他们的抗挫力，避免出现恃才傲物、高傲自大的不良心态，引导他们精益求精，向更高、更强发展。

高中数学教师在设计评价标准时，要保证标准的关联性和递进性，确保高层次的学生可以向更高层次发展，中层次的学生经过努力可以达到高层次的标准，对于低层次的学生只需完成基本的学习任务即可，用简单、易达成的评价标准帮助他们找回学习的兴趣和自信。教师在设计多元化评价标准时，一定要坚持以学生全面发展为中心的根本原则，在强调个体发展的同时注重整体推进。评价标准的制定必须是面对所有学生的，要保证每个学生都能接收到不同程度的知识，教师在教学时要坚持循序渐进、缓慢推进的原则，使教学的各个环节得以完美的接洽和融合，进而实现整体推进，促进全体学生的发展。

### 4.2.4 使用数学语言，提高学习能力

数学语言是数学思维的载体，是数学思想的表现形式。数学语言也是语言的一种，但它和汉语、英语等语言具有显著的区别。从学科内容上分，数学语言包括数学概念、数学术语、数学定理等抽象性的数学语言，也包括符号、公式、算式、图表等直观性的数学语言。从外在形式上，数学语言可以分为文字语言、符号语言、图形语言三类，每种形式的数学语言都有其独特的优越性，比如文字语言科学、严密、规范，揭示了数学知识的本质属性；符号语言书写方便、旨意明确，将复杂的数学知识用更简单的形式呈现出来，便于学生思考；图形语言直观形象，方便学生记忆和理解，有利于学生的思维发展，也有助于问题的解决。在高中数学教学中，正确有效地运用好数学语言，教会学生正确地使用数学语言，可以使学生对数学知识掌握得更清楚，更深刻，更容易抓住知识的本质，运用好数学语言对数学课堂教学会起到事半功倍的作用。

随着现代科学技术的发展，数学语言已经成为一种通用的科学语言，被广泛地应用到各领域和各学科之中，成为人们交流各种科学思想的工具，也成了各领域之间和各学科之间相互联系的桥梁，数学语言的重要性和作用

不言而喻。数学语言是数学知识的载体，也是数学知识的重要组成部分，各种数学知识都是通过数学语言呈现出来的，数学知识是数学语言的内涵，而数学语言则是数学知识内涵的体现，学生对数学知识的理解和掌握也就是对数学语言的理解和掌握。一个对数学语言不能理解的人也就谈不上对数学知识的理解。所以掌握数学语言是学习数学知识的基础，也是数学教学开展的前提。核心素养视域下的高中数学教学强调学生解决问题能力和实践能力的培养，而掌握数学语言是培养和提高学生数学能力的前提。学生只有具备数学语言能力才能读懂数学问题，对数学问题进行分析和探究，找出解决问题的关键，所以掌握数学语言是解决数学问题的前提。从表面上看，数学语言单调枯燥，但是通过对数学语言的深入学习和了解，就会发现其中蕴藏着丰富的内涵，具有无穷的魅力。掌握数学语言，能够激发学生的数学学习兴趣，使学生对数学知识和外部世界有更深刻的认知和了解，有助于启发和调动学生积极的思维活动，促进学生的思维发展。鉴于此，高中数学教师在教学中要运用好数学语言，同时有目的、有计划、有意识地培养学生的数学语言能力。

1.创造机会，培养学生运用数学语言的习惯

（1）营造宽松的课堂氛围，鼓励学生发言

在实际教学中，很多学生担心自己回答问题时出错因而在课堂上不敢发言，还有些学生因为准备不充分在数学课堂不主动进行发言，这些都是数学课堂上的常见现象，也是制约数学课堂教学的重要因素，正是因为这些问题的存在，使得学生的数学语言表达能力得不到有效的锻炼，阻碍了高中生数学语言能力的发展。为此，数学教师必须转变传统的教育观念，把数学课堂归还给学生，通过情境创设和各种先进教学手段的应用，千方百计地为学生营造一个宽松、愉悦、民主的学习氛围，而不是把学生当作学习的工具和知识的"储存罐"，给予学生充分的自由和空间，这样学生才会在课堂上无所顾忌地去发言，才会无拘无束地说出自己的想法，给学生提供运用数学语言的机会。当学生运用数学语言回答问题、分析问题时，教师要对学生给予积极的肯定和鼓励，培养学生在数学课堂上运用数学语言的良好习惯，提高学生数学学习的专业性和规范性。教师在设计课堂提问时，要充分考虑学生的差异性，多设计具有层次性的问题，给每个学生创造使用数学语言回答问

题的机会，让每个学生都能感受到数学语言的应用价值，进而把使用数学语言解决数学问题发展为一种学习习惯。

在学生发言的过程中，教师要认真倾听，表现出对学生的尊重和重视，学生发言过后教师要对每一位学生的发言进行点评，当学生说不出、说不对、说得不完整时教师也要对其学习态度给予鼓励和肯定，并给予学生必要的帮助，鼓励其不怕说错、大胆表达，增强学生的学习自信，当学生发言中有独到见解时，教师应该毫不吝啬地给予鼓励和正面的引导。在这样的环境中，学生会逐步形成良好的、健康的交际心理，为数学语言的运用和数学语言能力的培养提供了可靠的保证。

(2) 及时纠正学生数学语言的错误

高中生数学语言的表达过程也就是学生的思维过程。由于高中数学知识较难，学生在学习数学时经常会有对数学知识理解不透彻的情况，使学生在运用数学语言表述问题、解决问题的过程中经常出错。面对学生的错误，教师不要妄加指责，而是要多和学生进行交流和沟通，了解学生的思维和思考方式，帮助学生查找出错误的根源所在，从源头上帮助学生纠正数学语言的运用错误，使学生建立正确的使用规范，避免同类错误的再次出现。高中数学教师在教学中还要善于观察和发现，要有一双敏锐的眼睛，及时发现学生学习过程中出现的数学语言错误，及时指出，并帮助学生进行改正，使学生形成正确的认知。教师还可以根据学生的出错之处，开展专项练习，以加深学生对数学语言的理解和运用，巩固数学语言在学生脑海中的印象。

(3) 规范学生的课堂用语

高中生的语言习惯和思维方式即将成型，但还具有一定的可塑性，教师要抓住高中这个关键时期，在教学过程中多创造机会和条件来锻炼学生的数学语言能力。在课堂回答问题时，教师要要求学生用数学专业术语来回答问题，避免用俗语或口语化的语言来回答问题，规范高中生的课堂语言；在回答问题时，教师还要着重训练学生的逻辑思维能力，要求学生在回答问题时要思路清晰，语言具有条理性和完整性，学会规范地使用数学语言；在做题的过程中，教师也要注重学生解题步骤和书写内容的规范性，尽量用数学符号来表述解题内容，让学生用规范的数学语言将自己清晰的逻辑思维展现出来，方便教师对学生思维过程的把握，有助于学生良好思维习惯和书写习惯的养成。

①启发引导，对学生开展数学语言训练

核心素养视域下的高中数学教学不再是简单的数学知识灌输，数学教学过程伴随着数学交流的过程，既包括教师和学生的交流、学生和学生的交流，也包括学生与教材、学生与教学媒体、学生与社会的交流，而数学语言就是各种交流的工具和媒介。发展学生的数学语言是提高学生交际能力的关键，所以，高中数学教师在教学过程中要培养学生能用规范、正确的数学语言准确地表达自己的思想，引导学生用数学语言进行交流，开发学生的语言天赋，使学生在数学交流中讲得有条理、合乎逻辑、讲得既完整又简练。

②引导学生在课堂教学中用数学语言进行交流

每节课都是学生使用数学语言、形成数学语言的过程，高中数学教师在教学的过程中要抓住每个教学环节，结合教学内容，有意识地引导学生进行说话训练，引导学生在课堂上用专业的数学语言讲思路、讲算理、讲解题过程、讲分析过程、讲操作过程，引导学生将自己的所看、所想用数学语言口头叙述出来或呈现在书本上。在应用题的教学中，教师可以引导学生口头叙述、分析题中的已知条件和问题，口头叙述数量关系和解题思路，以此来锻炼学生的逻辑思维和数学语言表达能力。

③开展教材阅读训练

长期以来，高中数学教师对数学语言存在片面的认识，认为语言的表达应当附属于语文教学，并没有从思想上引起重视，导致很多学生对数学语言信息缺乏敏感度，语言之间的思维转换不流畅，缺乏数学思维，使学生在数学的学习过程中困难重重。为此，高中数学教师必须提高对数学语言教学的重视。在高中数学学习中，教材是学习的核心，也是数学语言的集中体现，教师可以根据教学需要和学生的认知特点，有目的地让学生阅读教材。在课堂预习阶段，教师要给予学生自由阅读教材的时间，通过阅读教材让学生学习、掌握严谨的数学语言，丰富自己的表达水平。在课堂上，教师也可以带领学生进行数学教材的阅读，在阅读时给予学生一些帮助和指导，深化学生对数学语言的理解。

④利用课堂小结训练学生的数学语言能力

课堂小结是高中数学教学的重要组成部分，通过课堂小结不仅能够提高学生的综合概括能力，还能够对所学知识进行及时的回忆和巩固。高中生的学习能力各不相同，但通过教师的引导和启发，每个学生都能参与到课堂小结之中。在每节课堂教学结束后，教师可以引导学生对本节课所学的知识点进行回顾和总结，让每个学生都谈谈自己的课堂收获。在教师的引导下，学生们纷纷举手发言，连平时不爱说话、学习困难的学生也被带动了起来，为数学语言的运用创造了机会，有些学生的语言虽然简洁，但抓住了教学的重点。经常利用课堂小结来强化学生对数学语言的运用，不仅可以提高学生的分析概括能力，促进学生的智力发育，还能达到全面育人的目的。

⑤利用动手操作强化学生的数学语言

高中数学是一门实践性的学科，很多数学知识和数学问题需要学生亲自动手操作来完成，而动手操作是学生手脑并用的协同活动，通过动手操作学生可以获得第一手的感性认识，再通过一系列的思维活动，将感性认识上升为理性认识。动手操作教学时，教师要多创造机会让学生用数学语言有条理地叙述操作过程，表述知识的形成过程，把动手操作、动脑理解和动口表达有机地结合起来，将感性认识转化为内部的智力活动，使学生更加透彻地理解数学知识，培养学生的语言表达能力和运用能力，使学生养成科学使用数学语言的好习惯。

2. 规范自身，深化教师对学生的影响

教师是学生学习的榜样，教师的一言一行无时无刻不在潜移默化地影响着学生，教师的言行是一本无形的教材，对学生的成长和发展具有不可估量的作用。高中生具有较强的模仿力，教师的数学语言直接影响着学生的数学语言。数学语言规范的教师教出来的学生数学语言更加规范、语言表达能力也更强。所以教师要不断提高自身的语言修养。通过教师数学语言的示范作用，对学生数学语言能力的发展施以良好的影响。

数学语言是课堂教学中教师传授知识方法，传递思想感情的重要工具。教师应以严谨、认真的态度去运用数学语言，以达到启发、感染学生的目的。高中数学的教学内容较多，但教学课时却有限，教师需要在短时间内最大限度地传递信息，所以，教师的数学语言就要做到简洁精炼、清晰流畅、通俗易懂、易于学生理解和接受，同时还要结构严谨、层次分明、衔接自然，突出学习重点，增强知识的逻辑性，便于学生掌握。高中数学本身就具有单调、枯燥的特点，教师在运用数学语言教学时，要注重语言的形象生动，力求用幽默风趣的数学语言，对枯燥的数学知识进行细致的描绘，增强课堂教学的吸引力，促进学生更加全面、更加透彻地去理解知识，学会数学语言的运用。严谨性是高中数学的重要特征，教师在课堂教学中必须使用规范化的数学语言和学生进行沟通和交流，为学生提供良好的范本，让学生充分感受到语言的巨大魅力，从而主动地去对教师的规范行为进行模仿，进而提高自己的数学语言能力。

### 4.2.5 巧用思维导图，建构知识体系

随着教育体制的不断改革与创新，高中教育更加重视培养学生的创新思维与综合素质。运用思维导图辅助教学对培养学生的思维有着关键性作用，可以帮助高中生实现更好的发展，尤其是高中数学学科，知识点复杂、繁多、零散，对学生的要求较高，既要有较强的理解能力和分析能力，又要有较强的推理能力和逻辑能力。因此，在高中数学教学中运用思维导图具有得天独厚的优势，可以改变传统灌输式的教学模式，增强教师与学生在课堂上的互动交流，有助于帮助学生构建系统化的知识结构，培养学生良好的学习习惯。高中数学教师要充分认识到思维导图的重要作用，在教学中科学合理地运用思维导图，全面提高高中生的核心素养。

1. 在课前预习环节运用思维导图

思维导图是促进高中生数学认知结构发展的重要手段，课前数学教师要做好充分的准备工作，结合教材内容和实际学情，为学生布置预习任务，借助思维导图深化对数学知识的理解和学习。随着新课改的推进，课前预习的重要性日益凸显，成为培养学生自主学习能力的重要途径。一般来说，课前预习的任务主要有两点，一是复习巩固已学知识，二是初步感知新知识。而在以往的课前预习中，很多学生都是简单地把书本上以前学过的知识或笔记看一下，再把要学的新内容随便地浏览一下就完事了，课前预习成了一种表面形式，对课堂教学起不到应有的促进作用。而在课前预习环节中引入思维导图，可以极大地提高课前预习的效率和效果。

高中数学教师要利用思维导图实现学生的自我探索。高中数学教师在布置预习任务时，可以为学生明确预习的目标，引导学生根据预习目标进行

自主探索，自我绘制思维导图。教师可以指导学生以预习任务为中心点，向周围扩散。教师要引导学生对预习任务进行思考，唤起学生对学习主题的知识储备，让学生对已学过的知识进行回顾，可以起到查缺补漏的作用，建立起新旧知识间的联系，帮助学生完善知识结构。学生在对预习任务进行回顾和联想之后，进入到新知识的预习过程中，这时教师要指导学生先从头到脚地阅读教材内容，对新知识内容有个全面系统的了解，明确教材内容的要求、重点和难点，用关键词和容易辨识的符号画出整体的预习框架；之后，教师再指导学生对教材内容进行细读和研究，将思维导图的分支进行细化，将其不断完善，并将自己不理解的、通过自学无法解决的疑难问题找出来，用鲜明的色彩和符号做好标记，以便课堂听讲时可以有所侧重，提高课堂学习的针对性和目的性，使学生由被动学习变为主动学习，提高学生的求知欲。教师也可以从学生绘制的思维导图中获取更多有价值的信息，了解学生的学习需求，明确教学的重难点，使教师可以在课堂上有的放矢地进行教学，大大减少教师的无效劳动，提高课堂教学效率。教师还可以指导学生利用电脑技术来绘制思维导图，创新思维导图的绘制形式，增强课前预习的趣味性，让学生感觉到利用思维导图辅助学习是一件快乐的事，提高学生学习的积极性。

高中数学教师还可以用思维导图的形式设计导学案，借助教师绘制的思维导图，引导学生进行课前预习。学生对照教师设计好的思维导图，对新知识进行预习，能够有效地提高预习效率，学生可以一边看着教师绘制的思维导图，一边进行思考，一边进行教材内容的阅读和分析，将不懂的地方用明显的标记标注出来，也可以将自己的理解添加到教师的思维导图中，使其更加符合自己的学习需求，使自己的知识结构更加完善。

2.在课堂教学环节运用思维导图

高中数学的知识点增多，学习难度也不断增加，高中生的学习负担也比较沉重，而课堂又是高中生获取数学知识的主要场所，因此，想让高中生学好数学，就必须提高课堂教学质量，让高中生在课堂上可以吸收和消化更多的数学知识，提高课堂教学效率和教学效果。在核心素养视域下，高中数学教学更注重培养学生的数学思维和数学素养，将学生的素质培养作为重要的教学任务。在高中数学学习中，运用思维导图可以活化高中数学知识，帮助学生构建数学知识体系，厘清学习思路，有利于促进学生的全面发展。

在高中数学教学中，课程导入是其中非常重要的一环。人们常说"好的开始是成功的一半"，好的课程导入可以使课堂教学事半功倍。一般来讲，成功的课程导入既要能吸引学生的注意力，使学生可以尽快地进入学习新知识的环节，同时还要把新旧知识联系起来，为新知识找到源头，便于学生理解和掌握。比如教师在教学"指数函数"时，通常情况下以复习指数的知识作为课程导入，这种课程导入既简单又直接，很容易就能建立起新旧知识间的连接，但是这种课程导入方式缺乏趣味性和探究性，对学生缺乏吸引力，容易让学生分神。而如果利用思维导图则可以有效地吸引学生的注意。高中数学教师可以在课前制作一个没有完成的"指数函数"思维导图，让学生主动地去回顾旧知识，对思维导图进行完善，激发学生的学习热情，帮助学生构建系统的知识体系，通过对思维导图的完善，逐步过渡到新知识的学习中。

高中数学中包含着大量的数学概念和定理，笔者在教学中经常听到学生抱怨数学太难，分析其主要原因在于学生没有将新学的知识和已有知识建立起联系，学习的知识过于分散，没有形成完整的知识体系。而思维导图可以将抽象的定理、概念转化为图像，并通过相关的分支建立起知识点间的联系，将抽象的数学概念和数学定理变得可视化，帮助学生从整体上把握数学知识。在高中数学教学中，实践操作的重要性不言而喻，它是理论知识的深化与灵活运用，是促进学生全面发展的重要途径。而传统的数学实践操作大多是由教师口述原理和过程，学生在短时间内很难记全、记牢固，因而，在自己实践操作时经常会出现失误，影响学生的学习体验和学习效果，而思维导图可以很好地解决这一问题。在实践操作前，数学教师可以运用思维导图将原理、器材、步骤及注意事项等直观地呈现给学生，让学生做好记录，深化学生的认知，提高实践操作的效率。在课堂教学中，大部分学生记笔记的方式仍然比较传统，只是将课本上的知识点或将教师的板书密密麻麻地转移到笔记本上，抓不住记笔记的重点，当学生在课后巩固知识时，只能从头看起，既浪费时间又缺乏效率。而思维导图作为一种简单的画图工具，它可以将数学知识点以图像的形式呈现出来，将各知识点间的联系清晰明了地展现在学生眼前，同时借助线条和字体颜色的不同，其对激发学生的记忆力也有十分重要的帮助，可以让学生更加直观、准确地抓住学习的重点和难点，有助于学生发散性思维的拓展。所以，教师在教学的过程中要让学生养成以思维导图记笔记的好习惯，提高学生的课堂听讲效果，也为日后复习打好基础。在教学中，教师也可以一边讲解知识，一边绘制思维导图，让学生在思维导图的引领下进入深度学习，使学生可以更清楚地了解知识点间的关联和内涵，提高学生的数学学习效率。

3. 在课后复习环节运用思维导图

思维导图的运用简化了教学步骤，提高了教学效率，弥补了课堂教学的缺陷，便于学生构建知识体系，也为高中数学复习带来了极大的便利。高中数学教师要善于运用思维导图辅助数学复习，激发学生的学习兴趣，使学生积极地投入到数学复习中，挖掘数学知识的重点和难点，指导学生掌握复习技巧，提高数学学习水平。

高中数学复习课是强化学生数学知识、增强学生数学能力的重要课程，高中数学教师可以运用思维导图引领学生开展复习，再现各个数学知识点之间的联系，更好地理解数学概念、公式、定理等，掌握正确的学习方法。比如复习导数知识时，教师应设计出升华学生思维的复习方案，可以通过大屏幕为学生展示切合实际的思维导图，其中包括导数概念、导数求导法则、导数的应用等，使学生深入理解导数，掌握基本的求导方法和导数在现实生活中的应用。教师通过思维导图再现导数的各知识点，以此引入数学复习，可以让学生真正融入复习课中，学会基本的数学思维方法，提高学生的复习效率。传统的数学复习课以教师为主体，教师在讲台上滔滔不绝地讲知识点，学生在座位上被动地接受，缺乏互动和交流。在核心素养视域下，高中数学教师要创新课堂互动模式，利用思维导图拉近学生与数学知识的联系，从而提高数学运用能力。教师可以根据某一复习模块，开展小组合作学习，让学生以小组合作的形式绘制思维导图。教师也可以提出一些关键词，然后让学生以头脑风暴的形式进行补充，并对相关内容进行积极的讨论，最终在小组成员的共同努力下绘制出反映各个知识点之间联系的思维导图。通过这种形式可以加深学生对知识点的记忆和理解，帮助学生梳理知识脉络，有助于学生系统化的复习，同时也提高了学生的合作能力，增强了班级的凝聚力。在高中数学复习过程中，做题是必不可少的，教师可以根据思维导图设计多样的复习练习题，提高复习练习的针对性，将理论知识和具体应用结合起来，加强新旧知识间的渗透，使学生灵活地运用数学知识，掌握科学的解题方法，提高复习效果。高中数学教师还可以利用思维导图，丰富评价方式。在以往的数学复习课中，教师对学生的评价是单一、笼统的，有的教师只针对优等生或课堂表现活跃的学生进行评价，有的教师甚至忽略了复习教学中的课堂评价，使得很多学生对课堂复习动力不足，在课堂上消极懈怠。在核心素养的引领下，高中数学教师要丰富评价方式，鼓励学生互评和学生自评，促进学生查缺补漏，更好地提升自己。在复习时，教师可以让学生按照自己的理解和思路设计一份个性化的思维导图，设计完成后教师让学生相互间进行评价，通过相互对比和探讨，查找自己的知识漏洞和不足，从而更好地完善自己的思维导图，提高自己对知识的理解和掌握，不断完善自己的知识体系。教师还可以让学生对自己的思维导图进行自评，让学生说一说绘制思维导图过程中遇到的困难以及通过绘制学到了什么，通过学生自评，教师可以了解每个学生的认知差异，及时发现学生的薄弱环节，进而优化复习课设计，提高复习效率。

总之，思维导图是一种行之有效的教学方法，对于提高学生的学习效率和数学复习质量具有强大的推动作用。高中数学教师要充分发挥思维导图的优势，注重思维导图与实际学情的结合，给学生提供多样化的学习方案，鼓励全体学生都参与到课堂活动中，指导学生的数学学习方法，巩固所学知识，为学生的全面发展提供帮助。

### 4.2.6 借助信息技术，创设课堂情境

近年来，利用信息技术辅助教学已经成为高中数学教师的常用手段，通过丰富多彩的图像和视频可以让高中生感受到别样的数学学习乐趣，并且高中生还可以亲自动手操作电教设备，极大地提高了他们的学习欲望。信息技术在高中数学教学中的普及和应用具有重要的现实意义，不仅增强了学生的学习兴趣，还拓宽了课堂教学的途径，有利于高效课堂的构建。在高中数学课堂引入信息技术能够降低数学知识的难度，把抽象的数学知识形象化，便于学生理解和运用。特别是在强调核心素养的今天，高中数学教师要充分使用信息技术，开发学生的学习潜力，打造趣味性和实用性的数学课堂，发

挥学生的主体地位，实现学生数学知识和数学素养的全面发展。

1. 利用信息技术创设真实情境

建构主义认为，最理想的学习方式就是让学习者到真实的环境中去感受、去体验。而信息技术是构建真实情境的最佳手段和工具，如果再与仿真技术相结合，所创设的教学情境将会更加的真实、生动，更能使学生产生身临其境的学习效果。数学知识来源于生活，又应用于生活，高中数学教师在教学的过程中，可以利用信息技术创设生活化的教学情境，运用声音、图形、视频等功能，再现生活中的真实场景，拉近数学知识和学生的距离，让学生在熟悉的生活情境中对陌生的数学知识产生熟悉感和亲近感，增强学生的探究意识。信息技术具有资源广、速度快、效率高等特点，高中数学教师可以利用信息技术手段为学生构建真实的问题情境，将学生的注意力吸引到情境中，从而更好地开发学生的潜力，消化更多的数学知识。教师通过多媒体为学生展示生活中的数学现象，将枯燥的数学知识融于真实的生活问题中，让学生去思考其中蕴含的数学知识有哪些，如何利用所学知识去解释和解决生活中的数学现象，这样不仅激活了学生的数学兴趣，还能够展现学生的数学才能。教师还可以将数学问题转化为数学游戏，给学生设计游戏化的情境，指导学生操控多媒体设备，一边游戏，一边加深对数学知识的掌握，提高课堂教学的趣味性，让学生在数学游戏中增长见识和友谊。

2. 利用信息技术创设空间想象情境

高中数学知识点繁多，涉及的定理和规律等也很抽象，有些数学能力差的学生难以跟上教师讲课的步伐，对数学知识难以做到快速、透彻的理解和掌握。在核心素养视域下，在新的教育背景下，几乎所有的高中教室里都配备了多媒体设备，为教师利用现代信息技术教学提供了良好的物质保障。面对高中数学教学中的难点知识，高中数学教师可以利用多媒体技术为学生进行现场演示，变抽象为形象，变复杂为简单，将教学内容以生动具体、形象直观、有声有色的形式呈现出来，使数学知识不再神秘，为学生创设有趣的空间情境，降低数学知识的学习难度，丰富学生的学习体验，深化对数学知识的感知。高中数学中包含了很多空间立体几何知识，考验的是学生的直观能力和空间思维，此时教师就可以利用几何画板、绘声绘影等软件进行情境教学，将书本上的空间立体图形投放到大屏幕上，并且通过空间旋转、放大缩小等手段，让学生清晰、直观地了解空间立体图形的变换，在解题的时候更加得心应手，发展学生的抽象思维能力。比如，在进行"立体图形的三视图"教学时，如果仅靠教师的讲解描述和简单的绘图，学生很难在头脑中建立起空间立体模型，在分析图形、解决问题时经常出错。而利用信息技术，教师则可以借助计算机软件从三个不同的视角映射出立体图形在墙壁上的影子，使学生很容易就能掌握各个立体图形的三视图，既生动、形象又直观、易懂，降低了学习难度，提高了教学效率。

3.利用信息技术创设知识拓展情境

在核心素养视域下，高中数学教学也要坚持与时俱进，所以，高中数学学习仅靠学习书本上的"死"知识是远远不够的，高中数学教师要为学生提供源源不断的学习资源，满足学生持续增长的求知欲，将数学知识渗透到学生学习和生活的各个方面，让学生养成良好的学习习惯，提高核心素养。随着信息技术的发展，互联网已经成了我们日常生活、学习和工作中必不可少的内容，上网已经成为人们的一种习惯。高中数学教学也要顺应时代的发展趋势，高中数学教师在教学时可以从网络上寻找优质的教学资源，并根据学生的实际情况进行加工和再创造，以更好地满足学生的学习需求，提升课堂教学的趣味性，开阔学生的眼界。在课后，教师也要鼓励学生利用互联网去查找学习资料，借助丰富的网络资源，弥补课堂学习的不足，丰富自己的知识储备，提高学生的自主学习能力。近几年来，特别是在新冠疫情暴发后，各种学习软件和学习平台层出不穷，为学生自学创造了良好的条件。教师可以向学生推荐好的学习平台，让学生根据自己的实际情况进行线上学习，突破传统教学时间和空间上的限制，让学生拥有更加宽广的进步机会。教师还要指导学生利用教学平台和教学软件，对所学的数学知识进行及时的检测和复习，让学生找到自身的缺点和不足，进而开展有针对性的学习，促使学生不断进步。教师还可以给学生提供名师的在线直播课，让学生利用课余时间进行观看和学习，丰富学生的学习体验，强化学生的数学知识和技能。教师还要充分利用好微信、钉钉等共享交流平台，做好学生的线上辅导工作，当学生遇到问题时，教师可以通过视频、发消息等方式及时地为学生解决，从而实现一对一的辅导，有助于促进全体学生的进步。教师还可以利用这些平台将各种数学资源进行上传，学生可以根据自己的需要进行有选择的观看和学习，也可以随时随地的下载，既为学生的学习带来了极大的便利，也满足了学生个性化的学习需求。

### 4. 利用信息技术创设动态变化情境

在传统教学模式下，大部分的数学知识只能由教师静态地传授给学生，传统"粉笔+黑板"的教学方法无法将动态的数学知识进行动态处理，数学元素的运动轨迹只能用黑板上静态的点或线来表示，学生无法直观地认识数学元素的运动轨迹，不利于学生对数学知识点的理解和记忆。而数学教师利用信息技术则可以对这些"死图"进行 FLASH 动画模拟或利用 AI 技术进行三维立体模拟，让数学元素的运动轨迹直观地展现出来，将数学知识置于一个动态变化的情境中，不仅可以激发学生的学习兴趣，开拓学生的视野，增强学生的学习动力，还能培养学生的运动观，引导学生运用运动的观点去分析数学问题。比如，在教学"平面动点轨迹"时，教师由生活中的梯子滑落问题进行课程导入，并用动画来模拟不同高度下人从梯子上滑落的轨迹，并指导学生利用计算机的画板功能将运动轨迹画下来，通过动态变化情境的创设，引导学生进入到深层次的探究活动中，加深了学生对几种运动方式的记忆和掌握。

### 5. 利用信息技术创设示错情境

示错情境是指教师在进行课堂教学时，根据教学经验将学生易出错的问题或学习方法展示给学生，并与学生一起分析错误，以此来加深学生的印象，避免出现类似错误的一种新型的教学方法。对于高中数学学习来说，创设示错情境是高中数学课堂教学中一种有效的教学方法，不仅可以促进学生的思考，纠正学生原有的认知错误，提高学生的学习效率，还能培养学生认真细心的品质，提高课堂教学质量。

在高中数学的学习过程中，出错是在所难免的，而这些错误有的是因为学生粗心大意造成的，有的是因为学生对知识理解有误造成的，还有的是因为学生对数学知识掌握有所欠缺而造成的，教师在创设示错情境时一定要对学生出现错误的原因进行深入的分析，将出错原因不同的问题分开讲解，提高课堂教学的针对性和及时性，帮助学生建立正确的认知，巩固课堂教学效果。

高中数学教师在开始教授新课前可以适当地创设示错情境，将新的知识内容和情境联系起来，通过学生在利用已学知识解决问题的过程中出现的典型错误，引导学生对已学知识进行复习和巩固，及时纠正学生的认知错误，避免学生在学习新知识的过程中出现类似的错误。教师在教学的过程中可以通过创设示错情境对知识进行拓展和延伸，让学生在质疑中对错误出现的原因进行分析，帮助学生拓展知识的应用范围，加深对数学知识的理解，使学生获得举一反三的数学能力。教师在每节数学课的课堂总结中也可以加入示错情境，将学生在知识学习过程中出现的典型错误进行罗列，引导学生讨论出错的原因，通过讨论加深学生对新知识的理解和掌握，让学生对数学知识有一个准确的认识，同时也让学生在学习中掌握主动权，增强学生学习的积极性，提高数学课堂教学效率。

6. 利用信息技术创设实验情境

核心素养视域下，高中数学教学鼓励学生用数学去解决问题。去探索一些数学本身的问题。在高中数学教学中，教师不仅要培养学生严谨的数学思维，还要培养学生的数学建模能力和数据处理能力，注重加强对学生"用数学"的教育。高中数学教师在教学的过程中要借助多媒体的优势，利用几何画板、数学实验室等工具软件，为学生创设数学实验情境，鼓励学生利用多媒体设备进行数学探索实验，让学生亲身体会到数学知识的形成过程，加深学生对数学知识的理解和应用。比如，教师可以让学生利用电脑去做各种立体图形的截面，借助多媒体探索各种图形的变换规律、探索点的运动轨迹等，通过自主实验去获得真知，和教师的口头教学相比，创设实验情境能使学生记忆得更牢固、理解得更透彻。高中数学教学中有很多数学实验需要学生合作来完成，教师可以根据教学需要创设实验情境，让学生们通过动手演练获得第一手的感性认知，加深对理论知识的理解。比如，在教学"随机事件的概率"时，教师可以设计抛掷硬币25次以上的两人小组实验，一个学生抛掷，另一个学生利用电脑Excel输入实验次数和实验现象，最后，教师指导学生利用Excel的自动生成功能自动生成函数曲线，使单调枯燥的数学知识变得更加直观化、形象化。

利用信息技术创设实验情境，让学生通过做实验去获取新知识，创新了教学形式，极大地激发了学生的学习热情，激发了学生的主动探究意识，同时也提高了学生的信息处理能力和实践操作技能，实现了学生核心素养的培养。

## 4.3 提高学生数学核心素养的建议

### 4.3.1 核心素养培养需要"慢过程"

在当下,人们都在追求效率、效益,社会生活呈现"快节奏",在教育教学中也已经出现了这种倾向,在教学中过度强调速度和教学进度,力求学生在有限的时间里可以获得最大的收益。因此,就出现了"快餐式"的学习,这种"快"有些"囫囵吞枣"的意味,缩短了学生问题探究的历程,减弱了学生的深度思考,阻碍了学生的思维发展和学习能力的提升。学习是一个长期的过程,不能急于求成,特别是核心素养的培养,更需要一个慢过程,这里的"慢"不是有意地做事慢吞吞、拖拖拉拉,而是润物细无声、潜移默化地渗透和浸润,只有先慢下来,积蓄能量,才会厚积薄发、一飞冲天。践行慢教育,对学生的核心素养实行慢过程培养,不是为了慢而慢,而是为了更好的快,为了学生更好、更快的发展。

俗话说"活到老,学到老",学习是伴随我们一生的成长过程,是每个人生命中必不可少的。学校是学生学习的主要场所,在学校教育中,教师的角色就好比放牧人,知识的获取、能力的提高、核心素养的发展、数学技能的训练都需要学生在广袤无边的知识、思想和智慧的大草原上自己去发现、探索、体验和感悟,这与教师的"灌输"相比虽然是慢了一点,但所获得的知识和感悟却记忆深刻,所获得的核心素养可以受用一生。所以,教育的步伐需要慢一点,只有慢下来,学生才会有充足的时间去探索知识的奥妙,体会数学学科的魅力,培养自身的核心素养,才会有时间和同伴进行交流,才会有时间审视自己的内心,找准自己前进的方向,为核心素养的培养指明道路。

课堂教学是学生构建、发展数学核心素养的重要途径,因此,课堂教学需要慢过程。高中数学课堂教学的主体是学生,满足学生的学习需求是教师课堂教学的主要任务。而在具体的课堂教学中,教学目标的确定需要时间,为了使课堂教学可以面向全体学生,教师需要时间去了解每一个学生的学习情况,而学生的学情又是在求知的过程中逐步明朗的,所以,教学目标的确定不是轻而易举的,是通过慢慢地观察和不断总结而形成的。高中数学有很多知识深奥、难懂，为了让学生更深刻地掌握这些知识，自主合作探究学习必不可少，而学生自主探究是需要时间的，当教师把数学问题抛给学生后，学生需要利用自己已学的数学知识和已有的学习经验去分析、探究，尝试多种途径和方法来解决问题。当问题解决后，回顾解决问题的过程会发现其中经历了反复的尝试和多次的实践，耗费了学生大量的时间和精力，学习速度自然也是缓慢的，看似学习效率不高，但其实这样获得的知识远比直接获取的知识理解得更透彻、记忆得更牢固，学生数学核心素养的发展也更扎实。当前很多数学教师盲目追求教学进度，没有给学生留出咀嚼知识的时间，忽视了学生对所学知识的消化和吸收，最终快而不达，学习效果很不理想。在实际学习中，和快节奏相比，学生更倾向于和风细雨式的学习方式，因为只有慢下来学生才会有充足的时间去咀嚼知识、体验知识的形成过程、去尝试各种数学思想方法、沉淀学习情感，从学习过程中获得更多有益于自身核心素养发展的能力和品质。

学生的数学核心素养需要慢慢培育。对于高中数学，学生可以通过题海战术、强化训练形成一定的解题技巧来获取好的成绩，成绩是可以训练出来的，知识也是可以通过传授而获取的，但核心素养是训练不出来的，也是别人无法传授的。学生的数学核心素养是在学习过程中慢慢养成的，学生只能通过自己在学习中对数学学科的六大核心素养进行认知、感悟和觉醒，并在此基础上自我教育、自我约束、自我觉悟，从而实现自身数学核心素养的发展，使学生的心灵得到缓慢养育。学生的核心素养是学生道德、能力、学识、意志等多个方面的综合反映，是学生个人内在的体现，任何外在的干预都是无效的，任何一蹴而就的做法都是徒劳的，所以，学生的核心素养只能靠慢过程，让学生自己在漫长的学习过程中慢慢养成，否则欲速则不达。

### 4.3.2 在合作中让学生学会反思

目前高中数学教学普遍采用的课堂教学模式是：复习—导入—新授—巩固—作业，这也是数学教学的基本模式。学生在课堂上听教师讲解、分析，在课后完成教师布置的作业，每天重复着机械、单调的学习过程，久而久之，学生就成了装知识的容器，在课堂中反思的时间和空间被无情地剥夺了，使学生缺乏自主探索和合作学习的机会，导致"投入多，产出少"，学生和教师付出了辛苦,教学效果和学习效果却不尽人意,抑制了学生思维和数学核心素养的发展。所以,在核心素养视域下,教师要转变传统的教学模式,根据教学内容积极开展合作学习,让学生在合作中学会反思,将自己学习的感悟内化为自身的数学核心素养。

(1) 反思

反思是数学思维活动的核心和动力,其目的是概括。通过概括,学生的认识才能进一步升华,才能真正洞察到数学知识和数学问题的本质。很多学生在数学学习中经常表现出对基础知识不求甚解,对基础训练不感兴趣,热衷于大量刷题,不善于对自己的思路和思考过程进行反思、检验,也不善于找出和纠正自己的错误,导致学生获得的知识系统性弱、结构性差,当学生在应用数学知识去解决实际问题时,往往缺乏科学的解题方法和思路,面对问题无从下手,而出现这些情况的根源就在于学生没有反思的习惯。

数学反思能力是学生数学核心素养的重要内容。学生数学反思能力的提高会促进学生对数学概念、定义、公式、定理等的理解和掌握,使学生的思维能力和逻辑推理能力进一步得到提高,进而促进学生数学核心素养的发展。学生数学反思能力的提高还会使学生深刻理解数学的本质,让学生觉得数学学习并不是想象中的那么难,感到数学学习越学越轻松,越学越想学,增强学生的数学学习兴趣,深化学生对数学思想方法的领会和理解,让学生更好地认识数学的价值和功能,提升学生的数学核心素养。

(2) 合作学习模式

合作学习模式主要是指学生在课堂上以小组合作的方式进行学习,并在学习过程中明确学习任务,发挥学生的主体性,以学生为课堂教学的中心,让学生形成良好的数学能力,发展学生的数学核心素养。合作学习可以调动学生的学习积极性,也可以让学生在彼此的交流中学到更多的数学思想和方法,对数学知识和数学问题有更多新鲜的认知,使学生的思维更广阔,也更有深度,同时学生在合作中,通过和其他学生的对照也会发现自己的长处和不足,对自己有更客观的认识,促使学生在合作学习中不断提升自己的能力和素养,使学生有效地分析数学知识,提高课堂教学效率,提升自身的数学核心素养。合作学习模式如今已经被广泛地应用于课堂教学中,给高中数学教学带来了极大的效益。

(3)在合作中学会反思

反思和合作学习是高中数学学习中必不可少的内容，二者相互独立，又具有紧密的联系，在学习中将二者有机地结合起来，能够产生事半功倍的效果。所以，笔者提倡教师在教学的过程中要鼓励学生在合作学习中学会反思，实现二者的完美结合，使其发挥出最大的效力，为学生数学核心素养的培养创造机会和条件。

在合作学习中，通常是对教师抛出的问题和任务来开展小组学习活动，审题就成了合作学习的首要环节，要达成合作学习任务，必须仔细审题，反思审题过程，准确理解题意，避免无效学习活动的发生。教师在教学时，要让学生静下心来，对教师布置的问题或任务进行细致解读，对题目中的关键字词细细揣摩、冷静分析，抓住问题的本质，弄清各种数量关系，挖掘其中蕴藏的隐含条件，找到合作学习所要完成的目标。之后，教师要引导学生对审题过程进行反思，查找在审题上是否还存在漏洞，确保合作学习目标的准确性。只有学生的审题能力提高，学生的思维才会全面打开，为核心素养的培育打开一扇大门。

在合作学习中，解题过程就是学生的思辨过程。由于合作成员数学知识水平、数学能力、理解能力的不同，在解决问题的过程中难免会走一些弯路，甚至是错路，只有经过反思才能找出解决问题的关键，找到出错的根源，才能保证合作学习的正确方向。所以，在合作解题的过程中，教师要鼓励学生进行及时的反思，多问几个为什么，反思在解题过程中用到了哪些数学知识，还有哪些知识和现实问题与之存在联系，有没有其他不同的解法，这种解法是否为最优，如何避免类似错误的出现等，通过反思使合作学习过程更加的严密和科学，这样学生对知识的掌握也更加的系统化和自动化，促使学生的数学能力和数学素养得到同步发展。

当合作学习完成后，教师还要指导学生进行解题后的总结反思，让学生通过横向或纵向的对比，反思合作学习中所表现出来的数学思想和数学方法；反思自己用到的数学知识和新学到的数学知识，建立起知识间的联系，完善自己的知识网络；反思自己在合作学习中的表现，查找自己的不足，不断提升个人素质，发展自身的数学核心素养；学生还要反思其他学生的表现，取长补短，为己所用，提高自己的数学能力和数学素养。

当教师对学生的合作学习进行总结评价时，可以采用错题教学法，在课堂总结中暴露学生在合作学习中出现的错误，向学生展示出现的错误典型，让学生在对与错的辨析、争论中，对出错问题进行反思，查找出错的根源，只有这样学生才能更好地整理自己的思维，有效地避免相同或类似错误的再次发生；在日常教学中，教师大部分时候都是用正面案例来教学，但有时候适当地用反面案例来教学也会收到意想不到的效果。教师在进行合作学习总结和评价时，可以恰当地采用反例教学法，用一些反面的教学材料对合作学习需要讨论的问题进行分析和讲解，会比正面教学更有启发性，更易于突出合作学习的重难点，有助于学生思维深刻性、批判性的发展，也有助于学生数学核心素养的提升。

### 4.3.3 将知识与生活实际相结合

人们的生产生活都离不开数学，数学在日常生活中的作用是不可替代的。所以，高中数学教师在教学的过程中要将数学知识和生活实际相结合，在教学中引入数学知识生活化的思想，使数学知识与日常生活的关系更加紧密，让数学自身的魅力得到充分的体现，让学生可以学到更加真实、能动、有活力的数学知识。但值得注意的是，将数学知识与生活实际相结合，并不是让学生回到生活中放任自流地去学习数学，而是在充分发挥课堂主阵地作用的前提下，将数学学习和实际生活有机结合，只有这样才能将数学核心素养落到实处，让学生通过数学学习获得更好的发展，使学生更加地热爱生活、热爱数学。

当前，有些教师在将数学知识与生活实际相结合的过程中存在很多问题，浪费了宝贵的教学时间，没有获得良好的教学效果，还对学生的思维产生了误导，需要引起高度的重视。将数学知识与生活实际相结合，开展生活化教学离不开生活情境的创设，在高中数学教学中，创设有效的生活化的教学情境，不仅可以调动学生的学习兴趣和学习积极性，还能够强化学生对数学知识的理解和记忆，提高课堂教学质量。但是，很多高中数学教师为了迎合新课程的教育理念，过度强调生活化教学情境的创设，创设了一些与教学内容无关的生活情境，使生活化的教学情境成为一种虚设，对学生的数学学习起不到帮助作用，甚至还会产生反作用，分散学生的注意力，影响学生对数学知识的理解和感悟。还有部分教师对"知识与生活实际相结合"存在认识上的误区，认为二者的结合就是要在课堂教学中引入生活中的例子，因而教师会搜集大量的生活素材，但对生活素材的内容缺乏辨析，使得选用的生活素材和教学实际不符或超出学生的认知范围，给学生的数学学习带来一定的困扰，影响了学生对数学知识的理解和思考，给学生数学核心素养的发展造成了阻碍。

生活是数学的大课堂，只有在生活中学数学，将数学知识应用于实际生活，数学才会变得有血有肉、富有生机与活力，学生才会体验到数学学习的价值和意义，才会确立数学学习的坚定信念，提高学生的数学核心素养。所以，教师在教学中要转变从概念到概念、从书本到书本的传统教学模式，要将数学由"机械演练"转变为"生活应用"，引导学生用数学的眼光观察生活中的数学问题，用所学的数学知识去分析、解决生活中的问题，增强学生的数学意识，让学生的数学核心素养在生活实践中落地生根。

(1) 学习模式生活化

数学知识是先辈们在日常生活中通过不断探索、总结、归纳而得出来的结论，所以，数学知识在生活中随处可见。很多学生觉得数学难学，对数学知识感到无比的陌生，其主要原因就在于这些学生割裂了数学知识与生活实际的联系。所以，在教学中，高中数学教师要从学生的生活经历和生活经验出发，结合教学内容，挖掘多种多样的生活现象，引导学生对自己熟悉的生活现象进行主动探究，感知生活中的数学，发现数学学习的乐趣，改变学生对数学的认知，深化学生对数学知识的应用。教师还要采用理论联系实际的教学模式，创造机会和条件让学生参与到生活实践当中，为学生布置一些开放性的数学问题和学习任务，让学生到生活中去探寻答案，开拓学生的思维，培养学生的创新意识和实践能力。教师还可以采用小组合作学习的方式，将一些与教学内容紧密相关的生活话题作为讨论内容引入到小组合作学习中，让学生进行深入的讨论，对于生活中熟悉的问题学生们不再愁无话可说，讨论得异常激烈，达到了头脑风暴的效果，在讨论中不仅深化了学生对数学知识的理解，也升华了学生的数学核心素养。

(2) 教学内容生活化

数学知识来源于生活，又应用于生活，高中数学教师在教学过程中要对数学内容进行科学合理的整合，引导学生学会观察和思考，认清数学知识中蕴藏的生活意义。教师要对教材进行深入的研究，并对其进行创造性的使用，例如教师可以改变原有的章节顺序，把具有一定生活联系的知识点放在一起讲解，培养学生的数学意识，引导学生用数学思维去思考、分析生活中的一系列问题，帮助学生构建系统、完整的知识结构，形成数学知识体系，促进学生数学核心素养的全面发展。在生活情境中讲述数学知识远比传统的平铺直叙效果更好，教师可以结合教学内容，从学生实际出发创设生活化的教学情境，把抽象的数学知识形象化、具体化，消除学生对数学知识的陌生感，使学生进入到深度学习中，促进学生数学核心素养的纵深发展。教师还可以借助互联网资源对教学内容进行外延和拓展，让学生更深刻地感知数学知识中蕴藏的生活意义，为学生数学核心素养的发展注入动力。

(3) 将生活事件再现于课堂

数学教学要立足生活、贴近生活、回归生活。在核心素养视域下，高中数学教学不能局限于传统的课本教学，还要向生活进行拓展和延伸，用生活事件充实教学内容、拓展教学空间，在知识和现实之间建立起联系，将生活事件再现于课堂，用生活中的真实案例辅助课堂教学。在具体实施中，教师可以通过角色扮演，让学生再现身边的生活事件，模拟现实中的生活场景，从而唤起学生已有的知识和经历，促使学生主动地参与到对问题的探究活动中，将数学问题寓于真实生活中，将现实生活中的问题抽象为数学问题，让学生在学中玩、在玩中学，进入到最佳的学习状态。教师还可以利用图片、视频、音像资料等为学生再现真实的生活场景，调动学生的各种感官，触动学生的心灵，使学生不由自主地融入学习之中，让学生对数学知识产生更加深刻的领悟。

(4) 开展数学实践活动

应用数学知识解决生活中的实际问题是数学教学的出发点，也是数学教学的归宿。所以，高中数学教师在教学的过程中要结合教学内容积极开展数学实践活动，让学生走出课堂，融入生活中去，让学生在真实的情境中，去感受、去应用、去验证自己所学的数学知识，调动学生学习的积极性，让学生在数学实践活动中获得丰富的学习经验，以达到培养学生数学核心素养的目的。教师可以设计一些开放性的数学课后任务，让学生深入到日常的生产和生活中去，通过亲身体验和现场观察，更加深刻、直观地感受数学知识在各行各业中的应用，积累更多的生活经验和学习体验，把体验积累的数学生活知识和生活经验沉淀在内心深处，将其内化为自身的数学核心素养，受用一生。

在开展数学实践活动的过程中，教师要注意以下几个方面。第一，实践活动所选取的内容要符合学生的年龄特点，具有很强的可操作性。数学实践活动是教师结合学生的生活经验和知识背景而开展的，引导学生自主探索和合作探究的学习活动，所以，这个活动必须建立在学生的原有知识基础之上，并且要符合学生的年龄特点，是学生感兴趣的、可以操作实现的。只有这样，学生才能在实践活动中不断地积累学习和生活经验，感悟、理解数学知识的内涵，使学生更好地体会数学学习与现实生活的关系，激发学生的数学情感，发展学生的数学核心素养。第二，在数学实践活动过程中，要放手让学生去体验，鼓励学生在活动中及时交流、互相启发。数学实践活动是一种综合性的学习过程，它的实践和完成需要经过一定的程序，所以在数学实践活动中，教师要给学生更多的自主空间和时间，鼓励学生去体验、去创造，同时还要及时反馈，对学生给予必要的指导，让学生在实践活动中转变学习方式，收获知识和能力，提升自身的数学核心素养。第三，在数学实践活动中，教师应该更加关注实践活动的过程与方法、学生的情感和态度，而不仅仅是注重实践活动的结果。实践活动是在教师指导下进行的合作学习活动，其最终目的不是为了让学生去完成教师布置的某项任务或者解决某个实际问题，而是要通过实践活动来观察学生的学习方法、思维方式、学习态度等的变化，通过实践活动深化教师对学生的了解，也促使学生在实践活动中客观地认识自己、发展自己，体会数学知识在现实生活中的应用价值，让学生学会热爱生活，升华学生的数学情感。

将数学知识与生活实际相结合，学生通过丰富多样的教学活动不但可以更加深刻地了解数学与生活的广泛联系，加深了对数学知识的理解，并且可以运用所学数学知识去解决生活中的实际问题，获得了运用数学知识的能力和方法，使学生的问题处理能力、人际交往能力、合作交流能力、实践能力等获得了显著的提高，特别是学生在一系列的学习活动中获得了良好的情感体验，更加真切地感受到了数学知识间的相互联系，体会到了数学知识对于现实生活的重要性，促进了高中生数学核心素养的全面、持续、和谐的发展。

# 第5章 结论及反思

## 5.1 研究结论

在核心素养视域下，对高中数学课堂教学策略进行研究，其主要目的是突破传统教学的弊端，改进课堂教学模式，提高学生的学习效率和教师的教学效率，加强学生对数学学科本质和数学思想方法的理解，最终促进学生数学核心素养的发展。本书对选题背景、选题意义、研究价值、文献综述、研究方法等进行了全面、细致的分析，进而引出了高中数学核心素养的概念和理论基础，明确了核心素养和数学核心素养的内涵和特征，提出了对高中数学核心素养的理论认识，并通过文献研究法、内容分析法、调查研究法、课堂观察法等方式，调查分析了高中生的数学学习现状，并对影响学生数学核心素养的原因进行了深度剖析，在此基础上，笔者提出了核心素养视域下高中数学课堂教学的策略，并对每个策略进行了细致的分析，提出了一些可供他人参考的建议，并用实例加以说明。通过以上过程，笔者得出的结论主要有：

第一，数学核心素养是数学学习者在数学学习过程中，逐渐形成的一种综合性的运用所学数学知识解决实际问题的能力，以及在学习和解决问题的过程中所表现出来的思维习惯和道德品质，是每个数学学习者都必须具备的数学品格和数学关键能力，是数学学习者终身发展的需要，也是社会发展的需求。数学核心素养，包含数学抽象、逻辑推理、数学建模、数学运算、直观想象、数据分析等六大核心素养，并呈现出情境性、个体性、整体性、表现性、生成性、发展性和持续性的基本特征。在核心素养视域下，培养学生的数学核心素养成了高中数学教学的终极目标，数学核心素养在高中数学的教育和教学中被摆在了突出的位置，成为学生所必须具备的数学素养，也成了高中数学课堂教学的基本理念和总目标，可以有效地指导教学实践，有助于学生形成正确的数学观，也是培养、发展学生核心素养的重要内容，无论是对学生自身，还是对高中数学课堂教学的改革和发展都具有非常重要的作用。数学核心素养为学生的学习和长远发展指明了方向，也为教师的课堂教学明确了目标。

第二，通过调查分析发现，目前高中生的数学学习现状主要是：很多学生缺乏数学学习兴趣，学习能力差；部分学生掌握知识不系统，没有形成完善的认知结构；一些学生的数学思维方式和学习方法不符合要求等，这些问题给学生的数学学习造成了困扰，抑制了学生数学思维和数学能力的发展，也给学生数学核心素养的发展带来了阻碍。通过细致的调查、分析和总结，影响学生数学核心素养培育的因素主要有家庭文化因素、教师教学因素、学生自身因素。父母的文化水平、家庭中耐用品的拥有量、家长的教育参与程度、家长的教育期望值以及家长的行为习惯等成了影响学生数学核心素养不可忽视的家庭文化因素，导致不同家庭文化的学生具有不同水平的数学核心素养。教师作为学生成长路上的领路人，对学生数学核心素养的发展具有非常重要的影响，教师的心理健康水平、思想水平、知识水平、人格魅力、教学方式等每天都在影响着学生、感染着学生，对学生核心素养的发展起着潜移默化的作用。学生作为数学核心素养的载体，是数学课堂教学活动的主要参与者，学生的自身因素对数学核心素养的形成和发展起着关键性的作用，学生的身心发展、学习方法、学习态度、学习习惯等都和学生的数学学习效率和数学学习水平息息相关，甚至对学生数学核心素养的培养起着至关重要的作用。

第三，基于高中生数学学习的现状和影响高中生数学核心素养的原因分析，笔者明确了进行核心素养教育的前提条件，对教师提出了一定的要求，要求教师转变教学观念、转变教学角色、规范创新教学行为、合理利用教材等，以更好地开展课堂教学活动，让学生可以从课堂教学中获得更多的数学核心素养；对于学生，要求学生掌握数学知识、提高数学技能；提高数学意识、增强数学能力；培养数学思想、学会数学方法；理解数学文化、增强数学信念，以促进学生数学核心素养更好的发展。

第四，为了改变传统的课堂教学模式，促进学生数学核心素养的发展，笔者提出了提高高中生数学核心素养的教学策略：指导学习方法，发展数学思维；创新课堂教学，培养品德修养；建立多元评价，锻炼合作意识；使用数学语言，提高学习能力；巧用思维导图，建构知识体系；借助信息技术，创设课堂情境。最后，笔者对提高学生的数学核心素养提出了有效的建议：核心素养的培养需要一个"慢过程"；引导学生在合作学习中学会反思；在教学中将数学知识与生活实际相结合等，以此来促进学生数学核心素养更加全面、持续、和谐的发展。

## 5.2 研究反思

核心素养是当前教育教学的热点词汇，也是当前教育改革的重要内容和目标。在核心素养视域下，培养学生的数学核心素养具有非常重要的意义，不仅可以改善当前高中数学课堂教学的现状，提升高中数学的课堂教学效率，还会提升学生的综合素质，为高校和社会输送更多高素养的人才。所以，随着社会的发展和教育改革的不断深入，对核心素养的研究会越来越具体、越来越深入，数学核心素养也必定会引起教育工作者更广泛的关注和研究。因为核心素养视域下的高中数学课堂教学策略研究的复杂性，研究过程中受客观条件的限制和影响，在调查对象的选择和调查范围的选取上具有很大的局限性，笔者所选取的调查对象是自己教学所在学校的学生，没有对不同学校的学生和教师进行调查和研究，所以，书中得出的结论和提出的策略不够全面，难以覆盖所有的区域、满足所有教师和学生的需求。

此外，由于受教学时间和教学条件的限制，笔者对核心素养视域下的高中数学课堂教学策略的研究大多是理论分析，所提出的教学策略只是简单地渗透在了日常教学中，没有更好地付诸实践，对具体应用后的教学效果缺乏必要的检验和追踪，在教学中对教学策略的实施还需进一步完善。由于每个学校的教育条件和教育环境都不相同，笔者很难全面顾及，因而，所提出的教学策略的普及和推广程度可能会受到一些限制，再加上每个教师都有一套自己的教学方法，笔者对于核心素养的解读和所提出的高中数学课堂教学策略只是为各位教师的教育教学提供一些参考，而不是解决课堂教学问题的唯一途径，需要广大教师根据自己的教学实际灵活的运用。另外，由于笔者教学经验有限、学识有限、文笔能力有限，在对核心素养、数学核心素养、高中数学教学现状和高中数学课堂教学策略的论述上可能存在着一些问题和不足，希望能够得到同仁的指正和包容，笔者也会在今后的工作中不断积累经验，不断学习，努力将更好的教学经验和教学建议分享给大家，以提高高中数学教师的课堂教学水平，发展高中生的数学核心素养。

# 参考文献

[1] 于璇，代蕊华. 新时代普通高中教育发展：困境、机遇与治理路径[J]. 基础教育，2019(16).

[2] 唐志松. 教育原理：研究与教学[M]. 重庆：西南大学出版社，2016.

[3] 马俊. 浅谈关于核心素养的研究[J]. 佳木斯教育学院学报，2017(8).

[4] 常珊珊，李家清. 课程改革深化背景下的核心素养体系构建[J]. 课程. 教材. 教法 2015(9).

[5] 孙思雨. 国内关于核心素养研究的文献综述[J] 前沿视角，2016(17).

[6] 郑家继. 试论高中数学教学视角下的核心素养及学科核心素养理解[J]. 明日，2019(6).

[7] 中华人民共和国教育部. 普通高中数学课程标准（2017年版2020年修订）[M]. 北京：人民教育出版社，2020.

[8] 黄宝华. 基于核心素养培养的数学课堂教学策略探析[J]. 成才之路，2020(5).

[9] 罗文婷. 核心素养视角下高中数学高效课堂的构建[J]. 西部素质教育，2017(12).

[10] 王寿兰. 发展数学核心素养的背景下高中数学的教学探究[J]. 读与写，2019(13).

# 致　　谢

　　本书的创作过程经历了题目选定、框架构建、调查设计、行文写作、修改定稿等一系列繁杂的工作，面对繁忙的教学工作和写作的难度，我曾经想过放弃，是身边的同事、学生和家人给了我自信和勇气，才使本次课题研究得以完成，在这个过程中我收到了太多的鼓励和感动，也收获了更多的知识和经验，而这些都将成为我日后工作中一笔不可多得的财富。所以，在本书完成之际，我想借此机会向给予我帮助和鼓励的同事、老师、领导和学生们表达诚挚的谢意。

　　首先，我要感谢我的大学老师能够在百忙之中对我的写作内容进行精心指导，给了我很多有用的意见和建议，当我遇到困难和困惑，向老师请教时，老师总会不厌其烦地给我解释和说明，为我指点迷津，启发我拓宽写作思路，转换看问题的角度，使我的写作内容得以充实和丰富。在向老师请教的过程中，我也收获了很多知识和经验，体会到了学术研究的艰辛和快乐，对教师这个职业产生了新的认识，在今后的日子里，我一定会以老师为榜样，学习老师严谨的治学精神，努力工作，认真地对待每一个学生，关爱每一个学生，让学生获得更好的发展，做好学生人生路上的指明灯。

　　其次，我要感谢我身边的同事和朋友。是他们在我将要放弃的时候给了我鼓励和帮助。他们在选题、中期检查和后期总结的过程中给了我很多的帮助，当我写作思路僵化时，给了我及时的点拨，当我在对某些内容模棱两可、犹豫不决时，他们给我提出了宝贵的意见和建议，还积极配合我的调查了解工作。除此之外，在日常的生活和工作中，他们还主动替我分担了一些杂务，使我有更多的时间和精力放在课题的研究工作上，在此感谢同事和朋友给予我的关怀和帮助，是你们陪伴我成长，不断鼓励我进步。

　　再次，我要特别感谢我的领导，当领导知道我要进行课题研究和创作时，主动帮我优化了教学安排和日常工作，让我可以有更多的时间和精力来进行课题研究和写作。在写作过程中，领导给了我很多的建议和指导，对我的课题研究提供了非常大的帮助。同时领导也给了我很大的鼓励和肯定，所以，在此我要对我的领导表示感谢，感谢您的理解和帮助，我会在日后的工作中加倍努力，争取更好的教学业绩。

另外，我要感谢我的学生们，感谢你们一直以来对我无条件的帮助和配合，是你们让我的生活变得丰富多彩，让我感受到了教师这份职业的荣耀，是你们给了我工作的动力，也是你们给了我进行本次研究的信心，让我收获了满满的成就感，让我感受到了教师这份职业的崇高和伟大。在今后的日子里，希望我们能将这份情谊保持下去，让我们成为彼此的良师益友，共同进步、共同成长。

最后，我要感谢我的家人，感谢家人一直以来对我无条件的支持和鼓励，谢谢你们，辛苦了！

此次课题的圆满完成，不是我一个人的功劳，其中包含了很多人的付出，在此，我要感谢帮助过我的每一个人，也要感谢学校给我此次机会，让我坚定了教师的职业信念，在以后的日子里我会坚守初心，带着大家的期望继续努力，争取在教师的职业道路上越走越远。